JN411213

시가 의자가 되어주다

표지, 내지 그림

가은 서비아

서비아 작가의 작품설명

시인은 의자에 앉힐 수 있는 글을 써야 참시인이 아닐까 생각해봅니다. 그래서 편안한 안정을 주는 글을 쓰시는 강 목사님의 '시가 의자가 되어주다' 라는 제목에 입각하여 그림 제목을 '안식처' 라고 붙여봅니다.

서비아 작가 약력

현) 박사과정
현) 강도사 시무
상록수문학회 회원
서울시인대학 회원
한국문인협회 회원
한국아동문학회 회원
아동문학연구회 회원
내혜홀아동문학회 회원
NCM방송문학회 이사
짚신문학회 사무차장

저서
시가 내 마음에 꽃이 되었다

포상
국제 사단법인 NCM문학방송 주최
시 작품 공모전 최우수상
한국 작가 시부문 신인상 수상
NCM방송문학 수필 부문 신인상 수상
한국아동문학회 동시부문 신인상
한글 세계문학축제 나라사랑 최우수상
지방검찰청장표창장 수상
경기도 도지사 표창장 수상 외 다수

시가
의자가 되어주다

강순구 시집

예솔

축시

보석나무

가은 서비아

새 생명 한 송이
소백산 정기 서린
마을 어귀에서
비옥한 땅
옥토 밭 일구며

외로운 순례자 광야
한 땀 한 땀
장인 정신의 그 손길

뚜벅뚜벅 헤쳐 나온
신령한 봄바람을 타고
주님의 첩경대로
사명자의 지극히 낮은 자가

어두운 궁창
활짝 빛낼 수만 있다면

한 올 한 올 쌓아 올린
작은 나무가
이웃들에게
큰 사랑나무로

시가 의자가 되어주다

후대의
귀한 보석이 된 나무
향신료 향기가
길이길이
문운 창생 하시어
천년만년 피워내소서

그림 서비아

시인의 말

시가 무엇인지도 모른 채 시가 좋아서 시를 썼습니다.

경기도 안산에서 27년간 삼백여 명의 성도들과 함께했던 목회생활의 하루하루는 거의 오전 4시부터 오후 11시까지였습니다.

영육 간의 쉼이 필요했습니다. 그래서 강남금식기도원에서 2년 여를 기도하고 찬양하며 성경을 읽으면서 그동안 마음에 담겨둔 이야기들을 시도 아니고 수필도 아닌 글들로 써보았지만 마음에 들지 않아 지우고 다시 쓰고 숱한 밤을 새우기도 하면서 무작정 쓰기 시작했습니다.

이렇게 쓰여진 부족한 저의 시들을 묶어서 "시가 의자가 되어주다" 라는 이름을 붙여 하나님 앞과 세상에 첫 번째 시집을 내놓게 되었습니다.

시집이 나오기까지 그동안 베푸시고 지켜주신 하나님의 은혜와 많은 분들이 돌봐주시고 기도해 주심에 감사의 인사를 드립니다.

발문사를 써주신 최병준 목사님, 축사를 써주신 한국아동문학회 김용섭 회장님, 천거시를 써주신 권희로 목사님, 추천사를 써주신 오동춘 짚신문학 회장님, 최세균 상록수문학 회장님께 진심으로 감사를 드립니다.

특별히 이 시집이 나오기까지 시집의 제목을 지어주고 표지 그림과 내지 삽화와 시집의 교정을 헌신적으로 도와주신 서비아 시인님께 머리 숙여 진심으로 감사드립니다.

주님의 사랑과 복음으로 세상을 지키며 세상에서 피어나 하나님을 부르며 하늘을 노래하고 하나님의 품을 그려내어 인생을 위로하는 시인이 되고 싶습니다.

2018년 11월 끝자락에

서시
인생을 시로 말한다

유운 강순구

주님이 그려 나가는
행복한 인생을 시로 말한다

내 영혼의 목마름
말씀 생수의 시로 말하며 축여 본다

내 마음의 깨끗함
참회의 시로 고백하여 씻어 본다

내 삶의 겸손한 발걸음
기도의 시로 말하여 걸어본다

내 인생의 아름다움
노래의 시로 고웁게 불러본다

내 이웃을 향한 사랑
복음의 시로 외치며 전달해 본다

내게 주신 하늘 같은 주님의 사랑
감사 찬양시로 내 평생 살아가리라

발문사

시냇가에서 피어난 첫사랑의 메시지

『시가 의자가 되어주다』라는 강순구 시인의 첫 시집이 세상의 빛을 만나는 날입니다. 시는 순간적으로 스쳐가는 1%의 영감이 핵심이 되어야 합니다. 영과 혼에 소명감(召命感)을 불어넣어 용광로 과정을 거쳐서 탄생시켜야 하며, 그 생명체에 삶이 들어 있어야 합니다.

G. 바슐라르는 "시는 순간의 형이상학이다. 하나의 짤막한 시편(詩篇) 속에서 시는 우주의 비전과 영혼의 비밀과 존재와 사물을 동시에 제공해야 한다. 시가 단순히 삶의 시간을 따라가기만 한다면 시는 삶만 못한 것이다. 시는 오로지 삶을 정지시키고 기쁨과 아픔의 변증법을 즉석에서 삶으로써만 삶 이상의 것이 될 수 있다" 고 하였습니다.

〈태극기 휘날리며〉, 〈잃어버린 것〉, 〈인생을 시로 말한다〉, 〈어머니 이제서야〉, 〈기러기〉 등의 시에는 영의 깊은 메시지를 통하여 독자들과 시로 소통하고 사랑하는 세상을 꿈꾸고자 하는 강순구 시인의 외침이 들어있습니다.

강순구 시인이 누리는 일상은 주님의 비전과 영과 혼의 비밀을 현실세계에 기쁨으로 제공하는 통로가 되고 있습니다.

『시가 의자가 되어주다』에는 순간의 영감이 직각직시(直覺直詩)로 승화되어 마음을 감동시키고 있습니다. 시편마다 정교하면서도 깊은 성찰의 메시지가 흐르고 있으며, 내면 깊숙이 숨겨져 있는 감성을 솟구치는 주님의 사랑으로 형체를 그리고 있습니다. 시어의 Link가 잘 이루어져 하이퍼 텍스트(Hyper Text) 시(詩)의 맛을 느낄 수 있습니다.

강순구 시인의 시는 머리로 쓴 시보다는 영과 혼으로 탄생하였으며, 주님의 사랑에 대한 깊은 뜻을 한 송이의 꽃으로 피워 내고자 하는 고유의 시어들이 내포되어 있습니다. 그의 시에는 비유와 Metaphor의 멋이 살아 있고 형이하학(形而下學)과 형이상학(形而上學)의 시어(詩語)를 구사하는 기법이 독특합니다.

독자님들의 가정에도 시향과 함께 시냇가에 심은 나무가 철을 따라 열매를 맺으며, 그 잎사귀가 마르지 않는 형통함이 있기를 기도합니다.

다울 **최병준**

서울시인대학 학장

시인, 목사, 문학박사, 신학박사, 공학박사, 문학평론가

추천사

감동 깊은 강순구 첫 시집 다 읽어 보자

문학박사, 평론가, 짚신문학회 회장 오동춘

강순구 목사 시인은 문예사조를 통해 수필문단에 추천한 바가 있다. 이런 인연으로 우리 짚신문학회 회원이 되어 아주 성실하게 시와 수필 창작활동을 잘한 모범 시인이요 수필가였다. 그 후에 시조, 아동문학도 열심히 공부하여 시조 시인, 아동문학가의 길도 걷고 있다. 그렇게 꾸준히 시 창작에 전념해 온 강순구 시인은 기쁜 성탄절을 앞두고 그간 발표한 역작을 모아 귀한 첫 시집 『시가 의자가 되어주다』를 상재한다. 우리 삶의 쉼터가 되는 시가 곧 의자라는 시적 발상은 참으로 창의적인 시상이 아닐 수 없다.

아늑한 평화와 위안이 마음 깊이 와닿는 시집으로 친근감이 샘솟는다. 기도와 믿음이 시의 바탕을 이루는 이 시집은 주님, 나라, 고향, 사람, 어린이 사랑이 주된 정서와 사상으로 보인다.

주님은/인류의 구원을 위해/죽음의 고통을 감수하여/
땀이 핏방울 되도록 기도하고/십자가를 지고 가셨다//
역경을 감사하라/내 영혼에 빛을 주고/성숙된 믿음을
만들어 주신다

-〈주님의 눈물〉에서

위의 시는 인류의 죄를 지고 십자가에 못박히신 예수의 거룩한 생애와 주님 은혜를 감사할 줄 아는 신앙이 되게 일깨워 주는 한 편의 신앙시이다.

이 작품의 성경적 배경은 이사야 38절 5절 말씀으로 히스기야가 주님께 진실과 전심으로 기도하여 15년 더 생명이 연장되는 기도의 응답을 받은 사실이 시로 승화되어 있다. 또 더 언급해 볼 수 있는 성경 구절은 이사야 53장 5절 말씀이다. 예수가 창에 찔림은 우리의 허물 때문이며 예수가 상함은 우리의 죄악 때문이다. 예수의 징죄로 우리는 평화를 누리고 예수가 채찍 맞음으로 우리는 나음을 입은 것이다. 우리 죄악 때문에 십자가에 못 박혀 피 흘려 숨지고 3일 만에 부활승리를 이룬 예수가 걸어간 십자가의 길로 우리도 걸어가야 한다는 교훈적 신앙이미지가 잘 승화된 작품이 〈주님의 눈물〉이라는 신앙시인 것이다. 우리는 역경에 감사하라는 시구에도 주목할 필요가 있다. 이 시구가 보여주는 이미지는 시편 119편 71절 말씀 "고난당한 것이 내게 유익이라"는 성경사상을 연상시켜 준다. 인간의 삶에서 주님께 감사가 없고 역경의 승리가 없다면 헛되고 무가치한 인간으로 전락된다.

고난과 역경을 눈물의 기도로 이기고 주께 감사는 마음이 언어예술인 시로 승화되어 우리 마음에 미적 감동이 일어날 때 시는 평안과 마음의 안식을 안겨 주는 안락 의자와 같은 구실을 하게 되는 것이다. 좋은 시는 좋은 의자인 것이다.

> 주님이 그려 나가는/행복한 인생을 시로 말한다//내 영혼의 목마름/말씀 생수의 시로 말하여 축여 본다//…내게 주신 하늘 같은 주님의 사랑/감사 찬양/시로 내 평생 살아 가리라
>
> -〈인생을 시로 말한다〉에서

강순구 시인은 시로 인생의 행복을 이루고 말씀의 생수로 목마른 영혼을 축여주며 한평생 주께 감사하는 찬양시를 쓰며 살아가겠다는 신앙고백을 신앙시로 잘 보여준다.

미적 언어 구사로 창작된 주님 찬양시는 곧 주님이 주시는 은혜의 의자가 되는 것이다. 주께 받은 인생을 오로지 주님 사랑에 감사하는 의자 같은 평화로운 생활로 복된 가정도 이루고 살아가겠다는 강순구 시인의 신앙 의지가 차돌보다 더 단단해 보인다. 강순구 시인은 주님 은혜의 의자에 앉아 굳센 믿음으로 살아갈 것이다.

강순구 시인이 나라사랑의 역사의식을 보인 대표적 시로 〈독도의 향기〉와 〈태극기 휘날리며〉 두 편이 있다.

어제도/오늘도/내일도//독도 향기 가득한/나라사랑
온몸에/흠뻑 젖어 가며/살고 싶어라//

-〈독도의 향기〉에서

독도는 서기 512년 신라 지증왕 13년부터 우리나라 고유의 영토이다. 일제가 1905년 1월 28일 각의에서 독도를 죽도(竹島)로 명명하고 1905년 을사늑약 이후 일본의 다케시마 섬으로 말하며 2005년에는 시마네현이 2월 22일을 다케시마 날로 정했다. 지금 역사 교과서를 왜곡하며 계속 일본 땅이라 내세우는 일본에 항거하며 우리 역사적인 고유영토 독도를 잘 지키자는 강순구 시인의 애국정신이 갸륵해 보인다. 일본과 분쟁 중인 독도가 우리의 강한 힘으로 안락의자처럼 평안한 우리 영토로 자리매김해야 할 것이다.

강순구 시인은 〈태극기 휘날리며〉 작품에서 우리나라 국기인 태극기가 대한민국을 빛내는 나라사랑의 상징으로 오대양 육대주에 영원히 휘날리길 빌고 있다. 한반도기가 아닌 태극기 하나로 남북 8천만 겨레가 대한민국 만세를 부르는 통일의 그 날이 와야 할 것이다. 강순구 시인의 시정신은 조국통일과 함께 태극기가 온 세계 하늘에 펄럭이길 기원하고 있는 것이다.

> 34년이 지난 오늘도 나의 귓가에/어슬렁어슬렁 다가와서 외친다/여기는 여-엉-주
>
> -〈여기는 영주〉에서

강순구 시인 고향은 경북 영주이다. 객지생활 34년이 되어 외치는 고향 영주는 강순구 시인이 잊을 수 없는 곳이다. 깊은 향수에 젖어 창작한 고향의식의 시로 〈고향 설날의 추억〉이 있다. 어린 날에 함께 설날 음식 만들고 차례 지내던 부모님도 하늘나라 다 가시고 지금 그 어린 시절의 그 모습이 마냥 그리운 것이다.

그 영주 고향에는/연분홍 옷고름 물고/내게 찾아온 코스모스 여인/으로 머리에 떠오르는 그날의 연인도 생각나는 가을 사색에 강순구 시인은 깊이 젖어 마음의 의자에 앉는다.

강순구 시인은 예수님도 사랑해 주신 어린이를 사랑하여 동시도 쓰고 있다.

> 우리 반 여자 친구/나 혼자 몰래 좋아하는/공무원 집 딸//공부도 잘하고/운동도 잘하고/얼굴도 예쁜 아이//
>
> -〈짝사랑〉에서

어른만이 아니고 어린이도 순진하게 이성 친구를 짝사랑할 수 있다. 강순구 시인은 산골 초등학교 다닐 때 예쁜 공무원 집 딸을 사랑했던 천진난만한 어린 날 추억의 짝사랑을 조용히 고백하고 있다. 티없이 맑고 고왔던 동심 세계가 잘 승화되어 있다. 〈맛있는 밥〉 동시는 추석에 고향집에서 엄마와 자식들 손자들이 다정하게 모여 앉아 맛있는 밥을 함께 먹는 한 가정의 행복한 모습이 그림처럼 곱게 그려진 작품이다. 시가 주는 평화와 위안이 안락의자처럼 푹신하게 느껴진다. 강순구 시인의 풍부한 정서와 시적 영감은 소파 방정한 선생이나 새싹회 회장을 지낸 윤석중 같은 훌륭한 아동문학가가 되리라 믿는다. 또한 신앙시의 알찬 창작 솜씨로 보아 박두진, 김현승 같은 신앙시인이 되리라 기대가 된다.

아기 예수님 오실 크리스마스를 앞두고 상재된 『시가 의자가 되어주다』라는 귀한 시집은 독자가 많으리라 생각된다. 신앙 중심으로 미적 감동이 높은 시를 엮어 펴낸 강순구 시인의 시집은 우수시집으로 평가된다. 많은 독자들이 사랑하여 읽어 주길 바란다. 풍성한 마음의 양식이 될 것이다.

추천사

시의 의자에 이야기를 앉히고

최세균 시인

시는 의자에 이야기를 앉히는 것이라 할 수 있다. 세상의 수많은 이야기들은 그 의자에 앉지 못하여 어디론가 사라져 버리는데 시인을 만나면 시가 되어 의자에 앉는다. 사라지는 이미지를 붙들어 의자에 앉히고 영원히 살게 하는 일, 시인은 그 일을 하는 사람이다. 이로 인하여 아무것도 아닌 사소한 사물도 시인을 만나 시의 의자에 앉혀지면 위대해진다. 강순구 시인은 그 일을 열심히 해서 이 책을 만들었다. 수많은 이야기들이 살아나고 이미지와 리듬을 덧입어 귀족이 된 것이다. 그는 먼저 어머니를 그 의자에 앉혀 드렸다.

거칠어진 손마디가 굵어진 것은
엄동설한 차가운 물에 맨손으로
휘적휘적 빨래하신 고난의 흔적

어머니!
쭈글거린 탱자배는

찬밥 한 덩이로 대충 때우신
배곯음의 애달픈 흔적

-〈어머니 이제서야〉에서

삶이 녹록지 않을 때면 언제나 먼저 떠오르는 이미지로서의 어머니, 일평생 삶의 자양분이 되었던 어머니, 강순구 시인은 어쩌면 그 어머니를 가장 먼저 시의 의자에 앉혀드리고 싶었을 것이다. 어버이날이 되면 꽃가게마다 즐비하게 마련된 카네이션 화분과 작은 꽃다발이 눈에 들어오는 것도 하지 못한 효 때문임을 고백하며 시의 의자에 앉은 어머니 가슴에 카네이션도 달아드리고 두 손에는 꽃바구니도 들려드린다. 이어서 그가 시의 의자에 앉히고 바라본 것은 조국과 고향이다.

하늘을
가득 채우고
온몸을 헤집어

뼛속으로 파고드는
독도의 향기

-〈독도의 향기〉에서

내 고향 허름한 울타리
뽀얗게 모락대던 정든 굴뚝 연기

쿵더쿵 떡메 치던 장단이 그리워라
-〈고향! 설날의 추억〉에서

독도를 에워싸고 있는 검푸른 바다, 그러나 독도는 그것을 사랑으로 품고 뜨거운 열정으로 조국을 휘감는 향기라고 시인은 보았다. 그리고 그 향기 가득한 이 나라를 사랑하며 온몸 흠뻑 젖어 살고 싶다고 했다. 비록 이런저런 일들로 뒤숭숭한 시대 속에서 살아가기 빠듯한 조국이지만 작은 몸으로 대해를 감당하며 의연하게 자리를 지키고 있는 독도처럼 아름다운 것이 조국이라는 뜻일 게다. 고향도 마찬가지이다. 허름한 울타리가 있는 고향. 그러나 눈 속에 담아둔 설날의 고향은 아름다운 것으로만 기억되고 있음이랴. 그 아름다운 것들 중에는 어린시절 먹고 싶었던 음식도 있다.

엄마, 저 통이 뭐야?
그러자 어머니는 얼굴을 붉히시면서
"쉬잇, 누가 들을라
순구야, 우리는 봉투 쌀 사 먹는다"

내 질문에 얼마나 한이 되셨으면
어머니 뵈러 갈 때마다 지금도
어머니는 하얀 쌀밥에
고깃국을 끓여서 나를 주신다
-〈쌀밥에 고깃국〉에서

봉투쌀 먹는 형편에 고깃국이 가당키나 한 일인가. 그것이 먹고 싶은 자식과 그것을 먹이지 못한 부모 사이에 놓여 있던 쌀밥과 고깃국, 이제는 시의 의자에 얼마든지 올려놓을 수 있으니 행복한 일 아닌가. 그래서 시인은 만능 요리사도 된다. 이 시집의 가장 큰 의자에는 역시 주님이 앉아 계신다. 그 주님 앞에서 인고의 눈물을 흘리기도 하고 감사의 기도를 올리기도 하며 시인은 시를 쓴다.

인류를 향하신 하나님의 애정이
듬뿍 담긴 밀보리 생각에
눈물이 핑그르 돕니다

비가 오지 않아
비가 오기를 기도하면서
평소에 비가 내릴 때 감사하지
못했음을 참회합니다

-〈잃어버린 것〉에서

인생살이 힘들지 않은 것이 어디 있겠는가. 그러나 그것을 괴로워하지 않고 아파하지 않을 수 있는 것은 인류의 구원을 위해 죽음의 고통을 감수하며 땀이 핏방울 되도록 기도하고 십자가를 지신 주님 때문이라는 고백. 그 고백이 역경을 감사할 수 있게 하고 탄식과 절망 포기의 시간을 기도의 시간으로 바꾸게 한다. 강순구 시인은 그렇게 인생과 신앙을 가꾸어 가는 시인이다. 그러한 삶을 그는 작품 중에서 '폭풍한설 견디며 파릇함을 굽히지 않고 푸르름의 정절을 지키고 삼동과 꽃샘추위 아랑곳하지 않고 봄을 향한 소망과 열정으로 이기고 이기며 영글어 가는 밀과 보리' 라고 했다. 시 쓰기도 그와 같은 일이라고 본다. 첫 시집을 내었다는 것은 그런 의미에서 박수받고 축하받을 만한 일이 아닐 수 없다.

처음 가는 길이 멀고 힘들듯이 무엇이든 처음 하는 일은 쉽지 않다. 그 쉽지 않은 일 중에 더욱 쉽지 않은 일이 책을 낸다는 것이리라. 강순구 시인이 그 일을 해냈다. 미지의 모래벌판에 거탑을 세울 초석을 놓은 셈이다. 그만큼 순수하고 그만큼 내공이 깃든 의자라 하겠다. 상록수문학의 숲길에서 묵묵히 푸른 빛을 발하던 모습으로 앞으로 더 큰 시 세계를 이루기 바라며 상록수 정신으로 쓰고 만들어 낸 이 시집을 통하여 보다 많은 사람들이 늘 푸른 꿈과 소망의 나라를 경험하기 바란다.

축사

강순구 작가님의 첫 시집 발간을 축하하며

한국아동문학회장 김용섭

며칠 전 첫눈과 더불어 온 세상이 하얗게 덮이던 날 기쁜 선물을 하나 받았습니다. 올해 저희 단체에서 신인문학상을 받으신 강순구 목사께서 첫 시집을 냈다는 반가운 소식이었습니다. 저희 한국아동문학회엔 늦둥이로 등단을 하셨지만, 이미 시, 시조, 수필 등 여러 장르에 등단을 해서 다양하게 활동 중인 것으로 알고 있습니다. 목회 활동과 문단 활동을 꾸준히 하면서 그간의 열정과 창작 의욕이 맺은 첫 결실이기에 더욱 기쁜 마음으로 축하를 드립니다.

작품집(시집)은 곧 작가가 세운 집입니다. 건축가가 설계를 하듯 시상을 떠올리고 주춧돌과 기둥(주제)을 세우고 거기에 하나하나 알맞은 시어를 골라 붙여 작품을 완성해 나갑니다. 그리고 여러 번 되짚어 읽고 다듬어 비로소 한 편의 시가 완성됩니다. 시는 절제된 언어와 고도의 함축미, 그리고 적절한 리듬(운율)이 생명입니다. 작가의 명민한 관조를 토대로 오랜 고뇌(망아와 침잠) 끝에 빚어내는 고도의 언어 예술인 것입니다.

강 작가님의 작품은 평소의 온화하고 성실한 인품대로 시 하나하나에 사랑과 정성이 깃들어 있습니다. 그리고 시의 주제가 다양합니다. 애국, 신앙, 향수, 그리고 동심 등 여러 시각에서 보고 느끼고 생각한 바를 진솔하게 표현하고 있습니다. 특히, 강 작가는 우리의 전통 가락인 시조의 형식을 빌어(정형시이기 때문에 형식과 제약이 따름에도 불구하고) 시를 엮어내는 솜씨가 훌륭합니다. 시조는 우리 민족의 얼이 살아 있고 고도의 함축미가 살아 있는 자랑스러운 장르입니다. 그렇기에 드물게도 젊은 나이에 전통 가락의 맥을 이어가고 있는 강 작가님이 더욱 자랑스럽게 여겨집니다.

이제 시작입니다.

문학과 더불어 사는 삶은 그 무엇보다도 고상하고 아름답습니다. 늘상 문학의 의자에 기대어 문학적 시각으로 세상을 관조하며, 문학적 고뇌 속에서 살아간다면 그 이상 아름다울 것이 있겠습니까? 강 작가님의 잠재된 문학적 신념과 자질로 보아 앞으로 더 훌륭한, 더 많은 작품집의 탄생이 기대가 됩니다. 문학적 역량 향상을 위한 부단한 노력과 새롭고 참신한 시상의 개발로 스스로의 문학적 가치를 높여가길 기원하며, 첫 시집 『시가 의자가 되어주다』의 발간을 거듭 축하드립니다.

감사합니다.

천거시

의자가 되어주다

아동문학가, 내혜홀 아동문학회장 권희로

의자
의지할 기구
사람이 인생행로를 사노라 하면
의지할 곳이 있다는 것

좋은 일 즐거운 일
꼭 있어야 할 필요한 일

사람이 서로 이웃
서로 돕고 힘이 되어 주면
큰일도 할 수 있는
있어야 할 필요한 이웃

제 자랑 앞세우고
가시 돋힌 언행으로 남에게 상처 주면
이웃을 잃게 되니
있어서는 안 될 사람

'의자가 되어주다' 는
강순구 시인의 시집
독자마다 남에게
힘이 되어 주고 평안하게 맞는
좋은 '우리들' 이 될 것으로
기대할 만하네라

차례

3. 내 마음에도 꽃이 핀다 97

4. 6학년 7반 아이들 123

5. 님 향한 일편단심 153

1. 내 마음이 고향이다

갓띠이모 / 옥자누나 / 옛날 옛적에 간날 갓적에
징검다리 / 여기는 영주 / 한가위 고향 가는 길 / 농갈라 / 장날엔
후생시장 / 철탄산아 / 아부지 / 삼가동할매 / 고향! 설날의 추억

갓띠이모

신라의 고승 의상조사가
고구려의 말발굽과 백제의 비바람을
피할 수 있는 가장 평안한 자리 봉황산에
1340년 전에 부석사를 창건하였다네

봉황의 날개 아래 갓을 달아놓고
그 기슭에 마을이 띠 모양으로 자리 잡고
있어 갓과 띠를 합성하여 갓띠마을이라
불리워지는 이곳에 이모님이 살고 계신다네

어머님과 설명절을 보내고
아버님 묘소 찾아 성묘를 마친 후
몇 달 전 60년 지기 동반자를 잃으신
이모님을 두 아들과 함께 찾아 뵈었다네

어느새 갓띠마을은 변하고 적막하다
이모님의 넉넉하신 웃음과 사랑을
흠뻑 주신 모습도 주름살 깊게 패여서
마음이 너무 아파 하염없는 눈물을 쏟았다

어둠과 밝음,
방황과 선택,
갈등과 화해의 굴곡진 인생 가운데
한결같은 사랑으로 가르쳐 주신
인생의 가치와 아름다운 삶을
느끼게 해주신 사랑하는 갓띠이모님

여름, 겨울방학 때마다 찾아가면
간고등어 화롯불에 구우시고
정성껏 끓여주신 비지찌개는
지금도 잊을 수 없는 별미였다네

항상 나를 구순이라 부르시면서
묵묵히 사랑을 주신 작고하신
이모부의 다정다감한 목소리가
바람을 타고 들려와 그리움에 젖게 한다

개구쟁이 사촌 형들과 소꼴을 베고
시냇물에 풍덩 뛰어들어 송사리 잡아서

칠성사이다 병에 넣어 두었는데
소변을 보아 송사리 모두 죽여버린
짓궂은 형이 얼마나 야속했던가?

어두워진 밤이면 방에 누워서
연예인 이야기로 재잘거리던
이종누나와 여동생의 이야기 들으면서
밤을 꼬박 새운 아름답고 고운 추억도 그립다

지금 바깥에는 눈이 내린다
눈이 내리니 눈덩이처럼 그리움이 쌓아져
아메리카노 커피 한잔으로 그리움을
달래며 갓띠이모의 건강과 행복을 기원해 본다

옥자누나

고향의 풀잎은 곱고
길가에 뒹구는
돌멩이 하나도 정겹고
손때가 묻은 산과 들녘도
참 아름답고 신비롭다

능선 위의 파아란 하늘에
뭉게구름 바람결에 흘러가며
옥자누나의 환한 얼굴을 그려내며
짙푸른 추억의 흔적을 끄집어 낸다

큰아버지 주름진 얼굴과
큰어머니 정겨운 웃음소리는
회한 속으로 나를 빠트린다

검정 고무신 닳을까 봐
벗어들고 시냇물 흐르는 곳
징검다리 두들기며
사뿐히 뛰어넘으며

소박한 소녀의 꿈이 흐른다

보리밥 무김치에 저녁을 먹고
밤하늘 별빛을 지붕을 삼아
함께 도란도란 속삭여 본다

지난 추억을 회상하고
부푼 꿈도 나누니
만면에 웃음꽃 피어난다

살포시 적셔오는 그리움의 날개는
옥자누나와의 고운 추억과
내 고향의 아름다운 향수 속에
나를 헤매게 만든다

창밖에 가랑비 주루룩 내리고
비둘기 한 쌍이 먹이 찾아 날아든다

우리 집 사랑방에서 네 박자의
리듬 속에 하얀 이 드러내며
웃음꽃 활짝 피우던 옥자누나의
고운 모습이 그리워진다

옛날 옛적에 간날 갓적에

옛날 옛적에
간날 갓적에
조그마한 단산 젓돌마실에
할머니는 옛이야기를 들려주신다

엄마하고 아부지하고
순구가 살았단다

하루종일 퐁당퐁당 소리에 빠져서
우물에 돌 던져 넣고
몰래 솜 들고 엿 바꿔 먹느라
순구 얼라는 피곤했단다

토닥토닥 가슴을 두들기며
엄마는 순구를 업고
큰길에 나가서
아부지를 기다린단다

새근새근 코 고는 소리

눈깔사탕을 사 가지고 돌아오신 아부지는
순구에게 뽀뽀를 하고
맛나게 저녁을 드신단다

할머니 품에서 달콤한 꿈이 흐른다
엄마와 아빠와 순구는
행복하게 살았단다
오손도손

히죽히죽 잠자는 얼굴에 미소가 어린다
그렇게 행복하게 오래오래…

징검다리

아카시아 향기 바람에 춤추며
코끝을 찌르니 코를 벌름거리며
추억 속에 머물러 봅니다

어매를 따라 사그랭이 외갓집
갈 때에는 꼬옥 개울을 건너야
했었습니다

어매는 큰 돌 몇 개 주워다
징검다리 디딤돌 만드시고
나처럼 건너라고 말씀하십니다

어매처럼 건너면
너도 잘 건널 수 있다고
용기를 주십니다

엉거주춤 비틀거리며 건너자
그래 잘한다 하시며
한 발 한 발 조심해 건너뛰는

나를 격려해 주십니다

내가 한 발자욱씩 지나온
인생길에 수많은 개울물을 건널 때
풍덩 빠지지 않고 걸어온 것은

어머니께서 가르쳐 주신
징검다리가 있어 무사히 건널 수
있었기 때문입니다

여기는 영주

봄향기도 그윽한
83년 어느 봄날에
나는 부산에서 서울까지
열한 시간 족히 걸리는
청량리행 비둘기호 열차의
입석에 꿈을 싣고 올라간다

열차는 역이란 역은
모조리 들러서
안부인사를 하면서 간다

말로만 들어오던
서울의 감상에 젖으면서
큰 가방을 베개 삼아 간신히 기댄 몸은
이미 비몽사몽인데 영주역을 알리는
안내방송이 들려온다
자욱하니 안개 속 바다 위를 걷는
뱃고동 소리처럼 고요의 세상을
출렁거리며 어둠을 헤매는 듯한

여운으로 여기는 여~엉~주

낮은음자리표에 실려서
약간은 으시시하기도 한
그 옛날의 여기는 여~엉~주

맞이하는 소리인가
쉬어가자는 소리인가
떠나라는 소리인가
구분하기 어려운 소리

34년이 지난 오늘도 나의 귓가에
어슬렁 어슬렁 다가와서 외친다
여기는 여~엉~주

한가위 고향 가는 길

설렘으로 찾아가는 고향길은
온갖 별미가 풍성하고
아름다운 햇과일들의 빛깔만큼

오순도순 함께 모여 앉은 혈육의 정겨운
식탁에는 가득히 퍼지는 하늘의 축복이
아침 이슬처럼 내리고 있다

비단결 같은 고운 마음으로 내려주신 풍요를
감사드리며 이 가을의 풍요를 나누는 사람은
사랑하는 마음이 가득 웃음이 되어
깨소금같이 행복하게 피어난다

떠들썩한 온 동네 모두 모여 민속놀이도 하고
운동회도 하며 너도나도 홍 타령이 절로 난다

수숫잎 엮어 거북놀이도 하던 추억이
꽹과리 장구 농악 소리 함께 들려오니
이게 꿈결만 같아라

함께하는 한가위 이 땅에 축복 가득하니
덩더꿍 어깨춤이 절로 난다

내 꿈은 사회에 경사가 되고 새 희망의
꽃이 피어나니 우리 명절 한가위 소문만복래라

농갈라

멥쌀가루 막걸리로 발효시킨
순흥기지떡은 농갈라 먹는 떡

한입에 쏘옥 들어가니
막걸리 냄새 확 풍기면서
부드럽고 쫀득쫀득하다

대추와 석이버섯 검은깨를
고명으로 올린 순흥기지떡
어릴 때 엄마가 만들어
우리에게 주면서 농갈라 먹어라

온 동네 다니면서 행상해서
번 돈으로 학용품 한 보따리
사오셔서 우리에게 농갈라 써라

영철이 아버지가 돌아가셨다
엄마가 내 손을 붙들고 가면서
친구가 슬플 때는 농갈라야 한다

얼굴 한 번 못 본 육촌 형 청첩장을
보면서 새 옷을 입히고 다른 이의
기쁜 일도 농갈라 나누는 것이야 한다

영주 터미널에서 버스표를 끊고
버스를 기다리며 커피 한잔에
순흥기지떡 한 쪽 먹으면서
부드럽고 쫀득한 추억 속에 머문다

장날엔

영주 장날엔 장에 간 엄마를
몹시도 기다렸습니다

엄마보다는 장보자기 속을
애태워 가면서

부석 장날엔 외할머니 손을
한 손으로 꼭 잡았습니다

다른 손은 따끈따끈한
시루떡을 꼭 잡고 싶어 하면서

안산 장날엔 알뜰을 사고 있는
동생을 따라 원곡 시장을 갑니다

한쪽 눈은 김이 모락모락 나는
왕만두를 힐끗힐끗 쳐다보면서

천안 장날엔 아내와 아들들과 두 손에

행복을 가득 사 들었습니다

한 손은 못난이 꽈배기를
사달라고 보채 가면서

병천 장날엔 놀러온 친구와
병천 순대국밥 한 그릇을
대접하며 먹어 봅니다

지나온 장날의 추억이
나에게는 시름을 잊고
홍조를 피어나게 합니다

厚生市場

고향의 동구밖에 마중 나온
가을에게 악수를 청하니

맛깔스레 익어가는 가을이
내 손을 흔들어 주고
나를 이끌고 후생시장에
데려다 놓는다

오십 년 만에 하늘이 그려놓은
구름 속에 희미한 흑백사진 한 장

고추장사 하신 아버지의 매캐한
고추 냄새가 내 손을 꼭 잡은
가물가물거리는 그림 한 점이
내 품 속으로 달려온다

중앙선 철도가 생기면서
후생시장에서 고추의 대저울을
사이에 두고 삿대질과 욕설이

오가며 홍정하는 아버지

철암행 비둘기호 열차를 타고
하루도 거르지 않고 몸빼 입은

아줌마들이 거친 말다툼 하며
장사를 하신다

어느 해 추석날
옆집에 빌린 돈으로 영광라사에서
가다마이 빼입고 고향사진관에서
엄마와 무게를 잡고 사진을 찍는다

아버지가 앞에서 걷고
엄마는 뒤따라 걸으며
동성 반점에서 자장면을
한 그릇 뚝딱하고 오셨다

오늘은 아버지와
함께 걸어보고 싶다

멀리서 들리는 기차 소리
들어가면서 새로 단장한
후생시장이 비록
옛 모습 아닐지라도

철탄산아

철탄산아
높푸른 하늘과 맞닿아
구름을 벗 삼아 별님과
달님 불러 모아 도란도란
이야기하니 그리 좋더냐

죽계천아
넓은 대지와 마주 보며
송사리들 벗 삼아 돌들과
풀잎들 모아 물장구치며
장난하니 그리 좋더냐

산은 높다고 자랑치도,
물은 깊다고 교만치도 않으며
서로가 마주 보며 깔깔 웃음도
터뜨리고 수다도 떨며
수천 년을 한결같이
어깨동무하며 사는구나

에이 ~ 고
만물의 영장이라고 떠드는
우리 사람들도
짧은 한 세상 살면서
철탄산처럼, 죽계천처럼

서로서로 보듬고 다정하게
더불어 한 백년을
함께 어울러 살다
갔으면 좋겠구나

아부지

나는 아부지 꿈을 가끔 꾼다

시골 앞마당이 펼쳐지고
징 소리는 둥둥둥
꽹과리 소리는 땡땡땡
장고 소리는 텅텅텅
얼쑤 얼쑤 춤추는 사람들

막걸리 마시고 얼큰히 취해
얼굴이 불그스레한 아버지가 지게에
나를 태우고 흥겹게 춤을 춘다

춤사위 속에
어릴 때 어머니 여의고
친척 집으로 동냥젖으로
연명한 배고픔도

열세 살에 아버지 여의고
남의 집 품팔이 하며

겪은 괴로움과 고통도

탁주 한 대접과
신명 나는 춤과
껄껄대는 웃음 속으로
묻어 버린다

인생의 희로애락은
그렇게 또 지나간다

삼가동할매

소백산 삼가동 종점
느티나무 아래에 왔는데
산더덕 사라고 한다

"진짜 산더덕이니더
중국산 아이고 진짜니더
마수도 못 했니더 하나만
팔아주소"

산더덕처럼 허리가 굽은 할매가
산더덕 좀 사라고 하신다

투박한 영주 표준말에
고향이 묻어있고 까맣게
그을린 얼굴에는 세월이
묻어난다

주름지고 향긋한 더덕을
내 어미는 손에는 삼가동의

오랜 추억이 묻어난다

삼가동에 왔더니
산더덕처럼 허리 굽고
주름진 할매가 산더덕을
사라고 한다

영주 장날이 되면
원당로 번개시장에서
산나물과 약초를 파는
허리 굽은 어머니가
그리워진다

고향! 설날의 추억

내 고향 허름한 울타리
뽀얗게 모락대던 정든 굴뚝 연기
쿵더궁 떡메 치던 장단이 그리워라

삐그덕 싸리문 열고 들어서면
큰 그릇에 불 담아 솥뚜껑에
전을 부치시던 주름진 어머님

고소한 기름냄새에 침이 괴고
따뜻한 어머님 품 같던 고향집
아린 풍경이 구름처럼 흘러간다

마루에 큰 상 펴 놓고
콩고물 묻혀 만들어 먹던
고소하고 쫄깃했던 인절미

토실토실한 씨암탉 잡아
똥집 잘라 소금 찍어 먹고
물을 끓여 까맣게 묵은 때를 밀어주신 어머니

때때 설빔옷 고운 꼬까신
밤새 입었다 벗었다가 머리맡에
올려놓고 잠도 잊었던가

풍성한 설날 아침 어른들은
복을 담은 복조리 벽에 걸고
한 해 동안 무사태평 풍요로운
풍년가 구성지길 소망했었지

부모님은 정성 다해 차례를 지내시고
일가친척 오가는 덕담과 세뱃돈
가슴 뛰던 그 설렘

아! 그리움이여
설빔 주시던 부모님 떠난 자리
어느새 내가 부모 돼 있었구나

눈 속에 담아둔 그리운 고향 설날
아름다운 추억도 마냥 어렸던 나도
세월 따라 훠이훠이 가고 있네

2. 사랑의 종소리

나는 사랑에 빚진 자

부모님의 사랑은
자녀의 행복을 위해
모든 것을 희생하는 사랑

부부의 사랑은
한번 잡은 손을 끝까지
놓지 않고 마음을 다하는 사랑

형제의 사랑은
서로 보듬고 일깨워 주고 도우며
끝까지 힘이 되어주는 사랑

스승의 사랑은
제자에게 사랑으로 가르쳐주고
꿈을 심어주는 사랑

친구의 사랑은
나의 과거를 이해해주고
미래를 믿어주며

현재를 받아주는 사랑

주님의 사랑은
당신의 몸을 내주어

수많은 죽음을 살리시고
영생을 주신 사랑

모두에게 사랑의 빚을 진 나는
주님과 부모 형제 이웃을 사랑과
복음으로 섬기는 삶을 살아가리라

주님의 눈물

인생살이
힘들다고 괴로워 아파하지 말자

꽃은
가위로 잘라지는 고통 뒤에
탁자 위 예쁜 화병에 꽂혀져
아름다운 자태를 뽐낸다

가장 좋은 향수는
가장 춥고 어두운 시간에 채취하여
꽃의 향기가 짙고 지속시간도 길다

명품 바이올린 나무는
험한 산에서 모진 바람으로
작고 뒤틀린 형태로 자라지만 세월이
흘러도 변치 않는 아름다운 소리를 낸다

고무나무는
껍질이 찢어져 가야만 하는

고통을 감수해야 흰 고무 진액을 분비한다

진주는
조갯살을 파고드는 이물질의 고통을
이기기 위해 체액을 짜내는 아픔의
눈물을 흘리며 진주를 만든다

주님은
인류의 구원을 위해
죽음의 고통을 감수하며
땀이 핏방울 되도록 기도하고
십자가를 지고 가셨다

역경을 감사하라
내 영혼에 빛을 주고
성숙된 믿음을 만들어 주신다

탄식과 절망
포기의 시간을

기도의 시간으로 바꾸자
하늘의 위로와 응답 있으리

“내가 네 기도를 들었고
네 눈물을 보았노라” (사 38:5)

사랑과 감사의 원자탄

기도로 호흡을 삼고
성경으로 양식을 삼아
전도가 생활이 되어서
원수에게는 사랑으로
고난받는 자에게는 희망을
심어준 사람

성경대로 하나님 섬기고
나라와 민족과 교회의 아픔을
자신의 아픔으로 여기고
가장 소외되고 버림받은
나환자의 상처난 환부에 입을 대고
피고름을 빨아내며 치료하는 일도
서슴지 않으며 몸소 이웃사랑 실천한 사람

친구를 원수로 만들고
이웃이 서로 적이 되어 고발하고
보복하는 여순반란 사태 때에는
금쪽같은 두 아들을 총칼로 죽인

원수 같은 공산당을 양자 삼아
사랑으로 양육한 사람 손양원 목사

역경 중에서 여덟 가지 진리와
하나님의 사랑을 찾는 기쁜 마음
여유 있는 믿음을 주신 주님께
감사 또 감사

나도 그의 사랑의 향기에 취하고
그의 향기 머금고
그의 사랑의 자양분 공급받아
사랑 가득한 사람으로
사랑의 원자탄 뿜어내며
하나님을 사랑하고
내 이웃을 내 몸같이
사랑하고 사랑하며 살고 싶다

손양원목사 순교기념관 방문 후에…

주의 향기

주의 향기는
내리는 빛처럼 따뜻합니다

주의 향기는
흘러가는 구름처럼 평화롭습니다

주의 향기는
불어오는 솔바람처럼
마음을 상쾌하게 합니다

주의 향기는
흐르는 물처럼 막히지 않습니다

주의 향기는
내리는 비처럼 가슴을 적셔줍니다

주의 향기는
피어나는 꽃처럼 향긋합니다

주의 향기는
내려오는 눈처럼 포근합니다

주의 향기 가득히 받아
이웃을 더 많이 사랑하고 싶습니다

주님의 사랑은

주님의 사랑은
비취색으로 가득 채색된
하늘에도 환히 비추어집니다

주님의 사랑은
흐르는 천안천 개울물 선율에도
고웁게 들리어 옵니다

주님의 사랑은
실버들을 천만사 늘여 놓은
능수버들 갈피 속에도 초록으로
물들어 있습니다

주님의 사랑은
은은하게 나리는 산나리꽃
고운 향기 속에도 아름답게
묻어납니다

주님의 사랑은

내리쬐는 태양빛
따사로움 속에서도
흘러 넘쳐납니다

주님의 사랑은 하늘과 자연의 품 속과
우리들의 마음속에도 가득 넘쳐 납니다

주님의 사랑은
하나님 앞에서
하나님의 말씀 속에서
무릎을 꿇고 기도하며
보석 같은 말씀을 캐어서
메시지로 전해주는 목사님의 아름다운
마음속에도 가득히 채워집니다

주님의 사랑은
주님의 교회를 사랑하고
주님의 교회를 세워주고
주님의 사명을 수행하는

주님의 몸 된 교회
중앙교회 권속들에게도
흘러 넘쳐납니다

사랑의 주님!
주님의 십자가 사랑으로
슬퍼하는 자 외로워하는 자
아파하는 자 방황하는 자에게
주님의 구원의 복음을 나누는
주님의 다리가 되기를 소망합니다

성탄의 소리

거리거리에 포근한
은빛 종소리 내리고
마주 보는 눈길 속엔
꽃처럼 환한 하늘평화
미소가 흐른다

가슴에서 가슴으로
밀려오는 설레임의 파도는
은은한 평화의 나팔소리

그날 밤도 하늘에는
별꽃들이 반짝반짝
비추어 내리고
목자들은 잠이 들어
고단한 하루를
들녘에 눕혀본다

양들은 목초가 우거져 내린
초원의 기나긴 이랑을 달리고

눈부신 음성으로 천지에 가득
기쁨이 넘쳐 흐른다

베들레헴의 언덕
유난히도 빛나는 별 하나
그 별은 칠흑 같은 어둠을 가르고
별빛을 따라 삼천리 달려온
동방박사들 사막을 지나

엉겅퀴 돌작밭을 지나온
고통의 시간이지만 좌절치도
포기하지도 않고 가슴속에는
용광로 같은 뜨거운 믿음이
활활 타오른다

그곳은 지극히 작은 땅
베들레헴 말구유 아기예수의
초롱한 눈 속엔 하늘소망의

별들이 반짝반짝 빛난다

하늘문을 여시고 흑암을 사르시고
슬픔과 고통과 눈물을 지우시고
마침내 죽음을 이기시고 부활하는
아기예수 임마누엘

동녘에 떠오른 새벽 별
어둠의 암울함에 쌓여있는 영혼들
게으른 영혼 아직도 잠에 빠져있는데
여기에 길이 있다는 메시지를 담은
새 희망의 새벽 별이 떠오른다
세상에서 가장 아름다운
온 세상 구원의 빛이 되어주시는
새벽 별이 되시는 예수를 바라보라

우리들을 구원하시려고
하늘의 영광과 권세를
비우시고 이 땅에 오신

예수님의 탄생하심을
기리는 성탄

서로가 존경하고 배려하며
주님의 사랑과 복음을 나누는
차암 아름다운 천안중앙교회

따뜻한 말을 나누고
온유한 눈길을 나누고
성탄의 기쁨을 나누고
이웃의 아픔도 돌아보고
진정한 예수의 사랑을 나누는
한국교회의 나침반으로
도약하기를 진심으로
간구해 봅니다

잃어버린 것

폭풍한설 견디며
파릇함을 굽히지 않고
푸르름의 정절을 지키고

삼동과 꽃샘추위
아랑곳하지 않고
봄을 향한 소망과 열정으로
이기고 이기며 알알이
맺힌 이삭이 영글어 갑니다

주림에 허기진 가난한 자의
삶을 북돋아 생기를 더해주던
밀과 보리의 위대한 생명력처럼

인류를 향하신 하나님의 애정이
듬뿍 담긴 밀보리 생각에
눈물이 핑그르 돕니다

비가 오지 않아

비가 오기를 기도하면서
평소에 비가 내릴 때 감사하지
못했음을 참회합니다

덜 주고
늦추고
가뭄을 주어서
주님의 은혜를 범사에
감사하도록 깨우치시니
진심으로 감사합니다

잃어버릴 때
잃지 않은 것을 보면서
감사하겠습니다

다른 이가 갖지 못함을
보면서 내가 가진 것들에
감사하겠습니다

내게 없어진 것을 생각하며
없어지지 않은 것들에
감사하겠습니다

짙은 어두움 후의 빛
사나운 바람 후의 평화
소낙비 내린 후의 햇빛

가슴 아픈 눈물 후의 웃음
밀려오는 고독 후의 친구
죽을 것 같은 고생 후의 보람
생채기 후에 돋아나는 새살

주님의 십자가 후의 구원
성도들의 죽음 후의 천국과 영생
주님의 시선을 바라봅니다
무엇을 잃어버린 것보다
감사를 잃어버린 것이
가장 큰 불행인 것을

잃어버린 것에 감사가
가장 큰 행복인 것을 주신
주님 무한 감사 찬양 올립니다

펼쳐진 봄꽃잔치에
하나님의 축복과 행복만
충만하기만을 기원합니다

눈이 내린다

눈이 내린다
모든것을 품으시는
하나님의 사랑처럼

눈이 내린다
위선도 거짓도 욕심도
녹여주는 주님의 사랑처럼

눈이 내린다
하늘과 세상을 중보하는
성령님의 사랑처럼

눈이 내린다
내곁에 서서 도와주는
천사의 마음처럼

내 마음도
내 정신도
내 영혼도
눈같이 깨끗하면 좋겠다

꽃들의 부활

시들었던 꽃들이 다시
부활하여 빙그레 웃고 있다

야구장 왼쪽에
등나무 꽃이 다시 피어
보랏빛 웃음으로 꿈을
던진다

교회 담장 아래
장미꽃 나폴나폴 춤추며
다시 피어나 빠알간 미소로
사랑을 뿜는다

아파트 화단에
영산홍 꽃이 함초롬이
주홍빛 빛깔로 행복을
퍼뜨린다

세상엔 탐욕이 가득 차니

부패만이 넘쳐 나고

거짓과 위선만 가득하니
어두운 죄악만이 넘실댄다

다시 피어나라
대한민국이여
아름다이

회개하자
기도하자
말씀 앞에 엎드려
영혼이 부활하자

세상 속에
복음을 뿌리자

사랑을 심고
행복을 퍼뜨리자

주님이 모든 족속들로
홀로 찬양받으사
온 세상이 부활의 꽃을
피울 그 날까지

동지

짧은 낮
길어진 밤
팥죽을 끓이는 날

어머니 수고하심
온 가족 방긋방긋

가마솥 붉은 팥죽과
새알심 넣어 끓인다

악귀를
물리치는
붉은 피 생각하니

주님의 십자가의
흘려주신 보혈로

죄 사함 천국 소망
그 큰 사랑 새겨지니

은총과
감사 감격에
팥죽 맛이 더해진다

讘示(섭시)하여

주님 讘示하여
노래 부르라 하시니
온몸과 정성 다해 주님을
소리 높여 찬양합니다

주님 讘示하여
일하라 하시니
주님 맡기신 사역에
죽도록 충성을 다합니다

주님 讘示하여
말하라 하시니
주의 복음이 온 세상에
이르게 될 때까지
힘차게 외쳐봅니다

주님 囁示하여
사랑하라 하시니
원수까지도 사랑하고
사랑하고 또 사랑합니다

* 囁示 - 속삭이다.

그대 들리시나요

그대 들리시나요
우리들을 부르시는
주님의 음성이

그대 들리시나요
하나님의 소명으로
복음을 전하라 하심이

그대 들리시나요
주님의 사랑으로
이웃을 사랑하라 하심이

그대 들리시나요
주님이 죄인들을 용서하심같이
형제를 용서하라 하심이

소울메이트

영혼의 시와 기도로
통하는 소울메이트

주님을 열심히, 마음에 담아
맑게, 진실되이 섬기고자
하는 사람에게 주시는 선물

나에게 하나님께서
주시는 일생의 가장
멋지고 축복된 행복

내 영혼을 일깨워 주고
성령으로 노래해 주는
맑디 맑은 영혼을 가진
소울메이트를 만난
나는 최고의 행운아

일평생을 동행하며
주님이 내리시는 시와

노래로 행복한 복음의

씨를 뿌리며 살아가리

대부도

대부도의 아침은 눈이 부시고
파도는 거센 바다를 끌어안고
아우성대며 밀물로 몰려든다

주님의 보혈의 핏빛으로 나를
흠뻑 적셔놓고 썰물로 떠나가니
주님의 십자가 사랑이 내 마음속
가득 차오르게 한다

도란도란 이야기 나누는 파도소리
끼륵끼륵 노래하는 갈매기소리
방긋방긋 웃어주는 국화들의 소리는
주님의 사랑을 내게 되새김질해 준다

바다에서는 망둥이 넙치 우럭 놀래미가
갯벌에서는 맛조개 동죽 고동이
아름다운 춤사위를 하며 뛰어노니
나도 어깨춤 들썩하며 주를 찬양한다

주님의 강렬한 붓터치로 그려진
힘차고 생명력이 넘쳐흐르는
자연의 환상적인 아름다움과
사람들의 다양하고 건강한
삶이 있어 더 아름다운 대부도

영혼과 자연의 신비로운 어울림을
캔버스에 멋지게 담아낸
화가의 그림 속에 힘찬 기운은
나를 더욱 매료시킨다

주님의 걸작품을 눈으로 보고
가슴으로 느끼고 몸으로 부딪치니
홍건하게 배어드는 감동 넘치는 섬
대부도에서 나는 대서사시를
읊어가며 주님과 영원히 살고 싶어라

사진사의 눈물

칠흑같이 어두움으로
캄캄해진 밤에 비가
내립니다

큰 소리 내면서
울음을 터뜨리며
찰칵찰칵 사진기
셔터를 누르며 나를
찍으십니다

찰칵!
주님이 눈물을 흘립니다
하나님의 말을 따라 순종치
못하는 내 발걸음을 보시고

찰칵!
또 주님이 눈물을 흘리십니다
형제를 진심으로 용서하고
포용하지 못하는 마음을

슬프게 들여다보시면서

찰칵!
주님이 샘솟듯이 눈물을 흘립니다
이웃을 참사랑의 마음 다해
섬기지 못하는 오무린 나의
손길을 잡아끌어 가시면서

주여!
주께서 빙그레 웃으시며
찰칵 찰칵 사진을 찍으시도록
내 마음을 새롭게 해 봅니다

* 사진사: 주님
* 찰칵: 번개
* 비: 주님의 눈물

3. 내 마음에도 꽃이 핀다

구절초 / 산수유의 꿈 / 능소화연가 / 대나무 / 치자꽃 향기
괭이밥 / 뱀무꽃 / 벚꽃이 피어날 때 / 얼레지꽃 / 세잎 클로버 행복
내 사랑 명자야 / 제비꽃 / 봉선화 / 자장매 / 산딸나무꽃

구절초

석수동 경수대로 산자락 아래
담장길 따라 경사진 비탈에

다소곳이 앉아 있는
그대를 닮은 미소짓는
보랏빛 구절초

구절초야
너는 누굴 위하여
그리 곱게 피었느냐

가신 사랑 그리워
고운 단장을 했구나

다시 만날 님을
마중하려고 고개를
쏘옥 내밀고 있구나

너를 바라보는

나의 눈길과 마음도
너처럼 애틋한 그리움으로
채워진다

내 님을 그리며
하늘을 보니 서늘해지고
낙엽을 밟으니 가슴이 시린다
내 마음 외로움에 가득 물든다

산수유의 꿈

봄이 오면 불현듯 찾아와
봄을 닮은 노오란 자태로
양지비탈에 몸을 사린다

봄이 채 무르익기도 전에
이파리보다 먼저 마른 가지
비집고 빼족이 얼굴을 내민다

꽃망울은 좁쌀처럼 자그마한
만개해도 밋밋하고 볼품없지만
무리 지어 피어날 때는 화려하다

봄의 한복판에 이르기 전에
꿈결 같은 하룻밤 잠을 자고
새벽안개처럼 사라지지만

가을이 되어 빠알간 루비처럼
열매를 알알이 맺으며
가을빛에 영롱한 빛을 발하는

그 날까지 오늘도 한결같이

산수유의 꿈은 영글어만 간다

능소화 연가

하늘이 칠흙처럼 커텐 내리고
밤새 내린 빗물을 한가득
온몸으로 받아낸 담벼락에
기댄 채 고개 떨구는 능소화

잠깐 내리쬐는 햇살에
주황빛 얼굴은 부끄러이
홍조를 띠면서 나에게
미소 보내온다

그 얼굴이 그대를 닮아
눈시울이 붉어지면서
두 뺨에 주르륵 눈물
흘리며 그대 그리움에
먼 하늘을 올려다보며
삼켜 봅니다

대나무

텅 빈 초록의 공간 안에
인고의 세월을 담아본다

그어진 대나무 마디마디
멈추었던 가슴 벅찬
추억들을 읽어본다

백 년 만에 한 번 피우는
아름다운 꽃을 피우기
위해 초록빛깔 채색하여
한 뼘씩 성숙해 가며
한 절씩 노래 부른다

유랑하는 구름 한 점
친구가 되어 걸어가고

바람의 노랫소리에
거친 땀방울 식혀가며

허공을 등에 지고
한 발자욱씩 별을
향해 오른다

치자꽃 향기

안산식물원에
갓 피어난 순백의 치자꽃
화사한 꽃향기 밀려와
코끝을 찌른다

사람구경 하느라 조심스레
초록빛깔 잎사귀 헤치며
부끄러이 볼을 붉히며
살포시 얼굴 하나 내민다

밤새워 화장해 단장했는지
아침 햇살 반가워 하얀 이
드러내며 방긋 웃는 모습이
유달리 치자꽃을 좋아한
그 아이를 쏘옥 빼 닮았구나

7월의 치자꽃은 오늘도
순백의 미소로 왔다가
노오란 그리움으로 떠나버린

그 아이를 시샘하듯 치자꽃
그윽한 향기로 내 코를 유린한다

괭이밥

중앙도서관
어느 봄날 밝고도 환한
웃음을 터트리며 손님이
왔다

손님은 떠나지 않고
그곳을 지키며 매일마다
내게 미소지어 윙크하며
소중한 내 친구가 되어 준다

내 소중한 친구는
어느날 말없이 훌쩍 떠나버린다
그리움만 가득 남겨 놓은채

손님으로 와서
친구가 되어 주고
연인으로 사랑하다가
숱한 그리움만 남기고
떠나버린 그녀처럼

뱀무꽃

길섶에 환한 꽃등 하나 밝히려
열심히 노란 꽃 피워
열매 맺고 크는 뱀무꽃

잎의 생김새가 무 잎을 닮고
뱀이 자주 다니는 풀밭에 핀다고
뱀무라는 이름을 얻었다

꽃이 먼저 피고 나중에
아래쪽 가지가 나온다

쓴맛이 없어 훌륭한 산나물이고
뿌리는 고추장이나 된장에 박아
장아찌로 먹으면 기가 막히다

제자리에서 뿌리를 내려
제 몫을 다하고
꽃은 흔적 없이 사라지지만
너는 참 아름답고 예쁘구나

코끝으로 너의 향기 느끼며
머릿속으로 너의 고운 자태 기억하며
가슴으로 너의 꽃망울 담아보며
추억으로 간직한
너를 오늘도 나는 기다려 본다

벚꽃이 피어날 때

하얀 벚꽃이 피어날 때
어김없이 불청객 꽃샘추위가
방문한다

동상을 입은 벚꽃의 이파리들이
시퍼렇게 멍이 들어있다

내 몸이 아프고 상처 난 것처럼
가슴 저미도록 아프다 혹독한
아픔과 추위의 시련을
견뎌낸 꽃만이 그윽하고
아름다운 향기를 뿜어낸다

삐뚤삐뚤 그려진 내 인생의 흔적도
질곡진 생의 경험도 주님 연단하심으로
더욱 폭넓은 이해와 사랑의 바탕을

이루어 가는 것이 아닐까?
오늘도 이해와 관용으로 이웃을
더 사랑할 수 있도록 주님께 기도해 봅니다

채송화

길섶에 빠알간 꽃등
하나 밝히려 오늘도
열심히 꽃을 곱게 피운다

빠알간 미소
노오란 행복
하아얀 꿈을 터뜨린다

코끝으로 네 향기 맡으며
머릿속으로 네 모습 그리니
가슴으로 행복이 벅차 오른다

얼레지 꽃

화야산 자락 화창한 봄기운에
눈이 녹아내리니 졸졸졸 계곡물 소리가
청아한 음률소리로 맑고 아름답게 들려온다

해맑은 하늘 아래 오솔길에는
연둣빛으로 물오른 나뭇가지마다
봄기운이 샘같이 펑펑 솟아오른다

자줏빛 생명빛을 쑤욱 쑤욱 터트리며
얼레지 수줍은 색시처럼 고개를 숙이고
어디선가 종다리 휘파람 노래 들린다

사람의 눈길을 피해 산속 음지에 핀
얼레지 어여쁜 자태 가슴에 품고
그 청초한 모습에 입맞춤하니
화들짝 놀라 홍조 띤 미소 보내온다

세잎 클로버 행복

세잎 클로버는 행복
네잎 클로버는 행운
오잎 클로버는 경제적 번영
육잎 클로버는 지위와 명성
칠잎 클로버는 무한한 행복을 의미한단다

어릴 때 행복의 꽃말을 지닌
세잎 클로버는 본체만체하고

행운의 꽃말을 지니고 있는
네잎 클로버를 찾아 보느라
열을 올렸던 기억이 난다

우리는 그래서 늘 행복보다
행운을 쫓기에 급급한 것 같다

정작 소중하고 필요한 것인
작은 행복들은 멀리한다

우린 수없이 많은 행복 속에서도

행운만을 기다리나 보다

아무 탈 없이 맞이할 수 있는
아침이 행복하게 느껴지고

봄이 오는 것을 몸으로 느끼며
작고 예쁜 화분 몇 개를 사서
초록의 꿈을 보는 것이 즐겁다

내가 아끼는 사람들과 같이
따뜻한 햇살을 맞으며 걸어본다

봄을 닮은 향긋하고
노란 후리지아꽃 한 다발 사서
봄을 좀더 가까이 느껴 본다

네잎 클로버보다는
걸어다니면서도 보이는
나의 세잎 클로버를 찾아 봐야지

내 사랑 명자야

추운 겨울을 잘 이기고
앙상한 가지가지마다
봄 숨결에 새순이 돋고
아가씨의 도톰한 입술처럼
꽃망울 터트리는구나

홍자색의 붉은 꽃이
빨간 장미보다도

붉은 동백보다도
더 강렬하고 아름다와
황홀하구나

얼마나 아름답고 예쁘면
너를 보면 바람이 난다고 시샘해
울타리 밖으로 밀어내었을까

열매는 모과처럼 딱딱하고
가을의 사과처럼 빠알갛게 익어

내뿜는 향기 정말 감미롭구나

나의 사랑스런 명자야
봄향기 가득한 날 두 손 맞잡고
내 사랑 그대에게로 가자꾸나

제비꽃

아지랑이 피어오르는 봄날
공원 양지바른 곳에는
아주 멀리 제비처럼 날고 싶어
제비꽃이 소담스럽게 피어 있었다

제비꽃 필 때 중국 오랑캐들이
양식 구하러 쳐내려와서 오랑캐꽃

꽃 두 송이 걸어서 손가락에
반지를 만들어 낀다 해서 반지꽃
병아리처럼 귀엽다고 해서 병아리꽃
꽃모양이 씨름 모습 한다고 해서
씨름꽃 이름이 많기도 하다

지나는 길에 내 눈과 마주치자
나에게 눈웃음으로 윙크하며
나를 반갑게 맞아준다
한 포기 한 포기는 여리고
보잘것없지만 한 곳에 무리져

빛깔 고운 꽃을 가득 피운 모습은

겨우내 회색과 갈색의 삭막함에
지친 눈에 생기를 불어준다

마음이 상해서 괴로운 날에도
기분이 좋아서 껄껄 웃는 날에도
나에게 언제나 기쁨과 위로를 준다

내 마음속에 제비꽃 한 송이 피워
제비꽃처럼 나도 누군가에게
위로도 되고 기쁨도 되고 싶다

봉선화

새벽비가 주룩주룩 내리며
어둠을 깨운다

노송나무 아래에 사시나무 떨듯
봉선화가 처량하게 울고 있다

연분홍빛
주홍빛
보랏빛
하얀빛 갖가지 옷을 입고
님을 애타게 기다리는구나

어릴 적 여자 애들의
손톱 물들이는 모습 떠오르며
내 유년의 여름 고향집으로
성큼 다가서 본다

꼬투리를 살짝 건드리기만 해도
씨앗들이 터져 나가기 때문에

꽃말이 나를 건드리지 마세요로
붙여진 듯하다

봉선화 연정이라는 노래는
손 대면 톡 터질 것 같다 하였고

김상옥 시인은
누님이 편지 보며 하마 울까
웃으실까 그날 생각하시리라 했다

오늘은
내가 슬픈 네 친구 되어 줄테니
도란도란 이야기 나누며
즐겁고 행복한 하루 보내자

慈藏梅(자장매)

자장매가 겨울 내내
봄을 길러 내는가?

겨울이 자장매를
겨우내 길러 내는가?

삼백오십 년을 한결같이
봄이면 단아하고 우아한
여인의 홍조띤 뺨 같은
자태를 드러낸다

겨울이 그토록 아꼈기에
은은한 자장매 향 한 움큼 집어내니
봄이 내게 와락 달려들어
세상을 향한 자장의 가르침을
들려준다

산딸나무 꽃

오월의 숲에 하얀 나비가
내려 앉아 나폴거리듯
하얀 눈송이가 사뿐히 내리듯
날갯짓 그리움 내게 선사한다

초록의 화선지 위에
하얀 그리움 그려놓고
그려진 네 장의 꽃잎엔
십자가 사랑 새겨놓는다

하늘 위로 까치발 키를
키우며 뛰어오르는
산딸나무 꽃의 싱그러운
십자가 사랑의 재잘거림

내 마음도 십자가 구름 되어
둥실 둥실 떠올라 하늘 노래
곱게 곱게 불러본다

4. 6학년 7반 아이들

학교 가는 길 / 종낙아 / 쌀밥에 고깃국 / 학급회의 하는 날
라이브 콘서트 / 공작부 경열이 / 휴식시간 / 튀밥장사
채변봉투 / 도내 애국가 시험 / 옛날 이야기 / 그림일기
동필이에게 / 미술시간

학교 가는 길

녹음이 우거져 짙어가는
유월이 오면 짙푸른 추억의 흔적이
나에게 다가온다

학교 가는 길에
풀잎도 곱고 길가에 뒹구는 돌멩이
하나에도 추억이 묻어 있고 손때 묻은
저 동산 위의 하늘과 풀벌레 소리가 정겹구나

학교 가는 길이
가까우면서 멀고
멀고도 가까움은 몸보다 마음이
가벼운 것이겠지

어디선가 꽃향기 솔바람에
실려와 선생님 인자한 모습과
동무들의 웃음소리 묻어와서
6학년 7반 교실로 향하는
나는 어느새 기쁨과 행복의 동산에
함께 이르게 된다

종낙아

휴식을 마치는 종소리는 울리고
일찌감치 동무들 교실에
들어와 선생님을 마중한다

선생님 교단에 서시고 나서
들어온 동무들을 놀리려고 종낙이를
합창으로 불러본다.
"낙아"
종낙이는 태연하게 왜라고 대답을 한다
늦게 온 친구들 네다섯 명이
선생님께 나가라는 말로 착각하여
선생님께 나간다

선생님 껄껄껄 웃으시면서
왜 나왔느냐고 꿀밤을 하시고
들여보내신다

교실은 다시한번
호호호 하하하

까륵 까륵 까르륵
웃음꽃이 넘치면서 수업은 시작된다

쌀밥에 고깃국

어릴 때 나는 어머니 심부름으로
상봉이네 쌀집에서 봉다리 쌀을
사오곤 했다

오늘도 어머니는 막내 손에
자야과자 한 봉 들려
하루 종일 리야카에 태우고
박스로 막내 머리를 덮고
과자를 가득 실어
골목골목 구멍가게에 다니면서
과자를 파신다

해질녘에 지치신 몸을 이끌고
집으로 돌아오셔서
리야카에 실은 과자를
나무 송판으로 만들어
세워진 진열장에 정리를 하시고
주산학원을 다니던 나와 함께
지폐도 세시고 10, 50, 100원짜리

동전을 10개씩 쌓아놓고 계산을 하셨다

쌀값을 떼시고
보리쌀값도 떼시고
도시락 반찬값
학용품값을 떼고
나시고는 한숨을 쉬신다
매상이 좋지가 않은 것이다.

동생 셋을 두고 오늘은 나와 함께
시장을 나가서 저녁꺼리를 사신다
쌀, 보리, 파, 단무지, 오뎅 등…

시장 구멍가게 옆에 처음 보는 신기한
통이 궁금해서 어머니에게 물어본다
엄마, 저 통이 뭐야?
그러자 어머니는 얼굴을 붉히시면서
"쉬잇, 누가 들을라
순구야, 우리는 봉투 쌀 사 먹는다"

내 질문에 얼마나 한이 되셨으면
어머니 뵈러 갈 때마다 지금도
어머니는 하얀 쌀밥에
고깃국을 끓여서 나를 주신다

나는 눈물을 글썽거리며

"엄마, 고깃국에 쌀밥 정말 맛있습니다"

학급회의 하는 날

오늘은 학급회의 하는 날
의견을 발표를 해야 된다

그래서 오늘은 발표를 할려고
부끄러움을 두고 왔는데
몰래 내 뒤를 따라왔다

집에서 나오기 전에
부끄러움에게 꼭꼭 숨으라 했는데
부끄러움이 빠져 나와서
어느새 교실까지 와 버렸네

심장이 쿵덕쿵덕거리며
두 볼이 빨갛게 달아오르고
등짝에서는 식은땀이 흐르네

오늘도 난 한마디 못 하고
그냥 우두커니 앉아서
부끄럼 많은 나를 꾸짖는다

회의는 끝이 나고
선생님이 들어오셔서
칠판에 산수문제 한 문제를
내시고 풀 수 있는 사람
손을 들라고 하신다

1에서 9까지 한 번씩 넣어
등식을 완성해야 한다

(　)(　)
X　(　)
(　)(　)
+(　)(　)

(　)(　)

내가 알고 있는 문제다
아무도 손 드는 사람이 없다
재철이도

오철이도
진화도
진희도
손을 못 든다

침묵이 흐르고 시간이 흐른다
용기를 내서 손을 들고
나가서 등식을 완성한다
174682593

선생님의 칭찬과 만면에
가득한 멋진 웃음은 지금도
또렷이 기억된다

여기저기서 아이들의
박수와 환호성이 터진다

부끄럼 많은 나는 이제
용기 있는 아이가 되고

중고 시절에 분단장이 되고
학생임원도 되고
군대 시절에 분대장도 되고
재경동창회장 7년간도 하게 된다

이젠 목사가 되어 대중 앞에서
설교도 하고 시 낭송도 하고
사람들에게 먼저 다가가서
전도도 하게 되었다

선생님 감사합니다
용기 있는 아이가 되도록 이끌어 주셔서

라이브 콘서트

오색구름 고운 그림이 그려진 날
소백산 아래 삼천명의 꿈쟁이들
함께 고운 꿈을 키우는 둥지다

수업시간에 진수가 흥얼흥얼거리다
선생님과 찌리릿 눈이 마주친다

진수는 이제는 알고 있다
선생님의 저 눈빛과 미소를…
교탁 위에 올라갈 차례다

어휴! 요놈의 입
입술을 손으로 꼬옥 누르면서
일어나 교탁 위에 올라서서
백오십 개의 눈동자를 바라본다

"나왔으니까 한 곡 뽑아야지
자, 진수에게 모두 박수!"
선생님이 껄껄껄 웃으신다

진수는 엉거주춤을 곁들어 가면서
한껏 멋을 내며 노래를 부른다

"저 푸른 초원 위에 뚜루 뚜루 뚜루
그림 같은 집을 짓고 뚜루뚜루뚜루
한 백 년 살고 싶어…"

6학년 7반 교실이 님과 함께로
들썩거리며 하늘로 솟구쳐 오른다

공작부 경열이

초등학교 시절
유일무이 이동수업을 하는
수요일 6교시 특활 시간

문예부
미술부
과학부
공작부
서예부
축구부
악대부

나는 문예부에서
경열이는 공작부에서
숨은 끼를 발휘한다

오늘은 찰흙으로
작품을 만드는 날이다

경열이와
4명의 악동들은
금새 지루해져서 복도로
자리를 옮겨 장난을 한다

아뿔사 장난치다가
진흙이 천정에 붙어 버렸네
아까부터 멀리서 지켜보시던
교장 선생님께서 쫓아 오신다

경열이와 아이들은 줄행랑을 쳐서
공작부실로 도망을 친다

공작반으로 쫓아오신 교장 선생님
장난친 녀석들 다 나오라고
소리치자 경열이만 나와서
기합을 받는다

다른 네 명도 나오라고

화를 내시지만 겁이 난 아이들
꿈쩍도 하지 않는다

교장 선생님께서
정직하지 않은 아이들 때문에
언짢으셨는지 교무실로 가셔서
교내 방송으로 6학년은 모두 남고
정직한 아이 이경열만
집으로 돌아가라 하신다

네 명의 정직하지 못한
악동들 덕분에 500명의 학생이
집에 돌아가지 못했다

그런대 경열이는
정말 정직한 아이였을까?
교장 선생님이 무서워 그랬을까?
경열이한테 물어 봐야지

휴식시간

구름마저도 쉬고 넘어가는
소백산 아래의 정겨운 학교의
작은 운동장은 삼천여 명의
아이들의 행복한 꿈터

폴폴 날리는 바람을 가르며
축구공 쫓아가는 아이들 머리 위에는
소중한 꿈이 함께 쫓아간다

아카시아 꽃이
하얀 무더기째 탐스럽게 피어나
풍기는 달콤한 향기에
운동장 흙먼지 맡던 우리들에게
초여름 낭만의 향수가 되어
코끝을 찌르는 여운으로
우리의 마음자리로 매김한다

튀밥장사

군것질은
끼니 외에 과일이나 과자 따위의
군음식을 먹는 것을 말한다

우리에게는 튀밥이 단연
최고의 간식이었다

옆집에 살던 큰댁 7남매 중
세 형은 날마다 방과 후에
튀밥을 튀겨서 학비와 생활비에 보탠다

곡물을 튀겨서 그 위에 사카린
물을 부어서 100도에서 튀기면
맛있는 튀밥이 된다

나도 가끔씩 나무도 잘라주고
곡식도 날라주고
튀밥기계도 돌려주고
포장도 도와준다

일당 50원으로…

얼굴이 까무잡잡한
우리 반 영재가 쫀드기와 튀밥을
가져와 나눠줘 자주 먹은 기억이 난다

이제야 친구에게 받은 사랑의 빚을
따뜻한 밥 한 그릇이라도 대접하고 싶은데
친구는 뭐가 그리도 바쁜지 오래전에
천국으로 갔다고 하니
친구 생각에 눈시울이 뜨거워진다

보고 싶다 친구야

채변봉투

초등학교 시절
학교에서
제일 하기 싫었던 것 중
하나는 채변봉투

채변을 담아서
가져가는 것은
바로 악몽이다

변을 받아서
가방에 담아서
학교에 가는 날은
봉투가 터질까 봐
조마조마하다

채변봉투를 보면
반드시 자기 변을 받고
이물질이 묻지 말아야 하고
채변은 세 군데 이상 밤알 크기로

변을 넣을 시 새지 않도록
채변은 새것으로

그런대 우리 반 여자아이 하나
비닐봉투에 액체로 된 변을 가득 담아
꺼내 창피함 없이 아이들 코밑에
들이밀어 아이들 줄행랑을 친다

그리고 나중에 검사후 받게 되는
얇고 네모난 구충제는
군것질거리가 없던 시절
나에게는 약이라기보다는 과자를 먹는
즐거움이었다

구충제를 보약 먹듯이 매년 한 번씩
복용했던 그 시절이 그리워진다

도내 애국가 시험

5월 끝자락의 햇살이
빛나는 오늘 어제 내린 비로
이른 더위가 조금은 가신 것 같다

나라사랑을 함양하기 위한
경북도교육청 주관으로
도내 6학년 애국가 시험을
치르게 된다

시험을 치르던 우리들
열 문제 중 아홉 문제는 알 수
있었는데 애국가 중에
가장 느리게 불러야 되는 곳이
어디인지 묻는 문제를 몰라
발을 동동 구르고 있다

담임 선생님 장부를 가지러
오셨기에 우리들은 선생님만
애타게 쳐다본다

선생님 나가시면서 콧노래로
무궁화 삼천리 화려강산을
부르시며 나가신다

앗싸루비아!
반 평균 9X점
경북 도내에서
우리 반이 당당 1등을 했다

똥 시리즈

책이 귀하던 시절
수업 전에 가끔씩 들려주시는
선생님의 구수한 옛날이야기에
우리는 흠뻑 빠져들곤 한다

선생님은
소리쳐 웃게 하는 봉이 김선달
손에 땀을 쥐게 하는 전설 따라 삼천리
마음에 감동이 있는 세계의 민화이야기
눈시울을 뜨겁게 만드는 어린 시절 추억
두 손을 불끈 쥐게 만드는 위인이야기
참 흥미진진하고도 맛깔스럽게
우리들에게 이야기해 주셨다

40년이 지났지만
잊을 수 없는 똥 시리즈 1, 2, 3, 4탄
생각을 하면 지금도 웃음이 절로 난다

장님들을 속인 봉이 김선달과 똥

미국의 호텔에 묵은 한국여행객과 똥
포졸과 똥
소년과 변소
세상의 어떤 영화도 이보다
재미있을 수 있을까?

고향에 내려가면
선생님 뵙고 옛날이야기 들려 달라고
졸라 볼까?

동필이에게

천안 명동에
장대비가 억수로 내리고

마당 위에 내리던 비가
어느새 가슴을
방망이질하면서 때린다

오래전 서울로 전학 간
동필이 생각이 난다

가슴에 비를 맞아가며
동필이에게 편지를 쓴다

그리고 나서
어디든 갈 수 있는
비바람에게 배달을
부탁해 본다

동필아

내 편지 잘 받았지
답장 기다릴게

미술시간

즐거운 미술시간이 왔어요

선생님께서 오늘은 거미줄을
그리라고 하셨어요

하얀 도화지 위에
연필로 거미줄을 그리고
가운데는 거미줄 그리고
연필로 그린
선을 따라 크레파스로
그렸어요

아휴!
이를 어쩌나!
거미줄이 너무 두꺼워요

외갓집 밭에서
새벽에 햇빛에 반사된
무지갯빛이 나는 거미줄이

생각났어요

그래서
거미줄을 일곱 색깔로
칠했더니 거미줄이 너무 예뻐요

선생님은 제 그림을
친구들에게 보여주면서
칭찬하시고 학교 게시판에
걸어 주셨어요.

그리고서 세상을 이렇게
아름답게 보고 사랑하라고
말씀해 주셨어요

5. 님 향한 일편단심

풋사랑 / 그대의 미소 / 가을빛 아래에서 / 채석강 / 들꽃여인
만추연가 / 외사랑 / 찹쌀떡사랑 / 찔레꽃사랑 / 그리움 / 그대는
가을연서 / 내 마음 / 코스모스 여인 / 궁남지 연꽃

풋사랑

풋사과
풋복숭아
풋살구
풋사랑의 추억이
내리는 찬 비 맞으며
살갗의 돌기처럼 아리고도
쓰라리게 돋아난다

M16 소총사격과
총검술의 일상을 잠시 멈추고
부여로 떠나온 정기휴가

서동과 선화공주의 천오백 년의
사랑과 행복이 서린 궁남지를
그녀와 뛰어다니며 내 풋사랑은
여물어 간다

두 손을 맞잡고 오른 구름다리
굽이쳐 물결치는 연꽃의 고운 자태에

빠알갛게 물든 양볼 사이로
웃음꽃 피어난다

그리움은 세월과 무관한 것인지
삼십오 년이 흘러 이만큼 왔건만
산새들 구슬피 우는 소리에
오늘도 그녀는 그리움의 그림자 되어
나를 쫓아다닌다

그대의 미소

가을 향기에 떠밀린
천호지 둘레 길 더듬으며
쓸쓸이 걸어본다

가을기운 가득 담은
그대 고운 미소를 맘 가득
담고 그대 얼굴 그려 본다

코스모스 꽃 속에
동그란 그대 얼굴
빠알간 단풍잎 속에
빨개진 그대 볼우물

갈바람 나부끼는 소리에
춤추는 그대 머릿결
자락자락 내리는 빗속에
이슬 젖은 그대 까만 눈동자

호수엔 물안개처럼
피어오르는 그대의 입맞춤에
내 사랑 불꽃처럼 타오르게 한다

가을빛 아래에서

양지바른 곳에 비취는
가을빛 따사로운 날
행복한 마음을
당신과 나누고 싶습니다

당신을 향한 사랑은
감미로운 선율로 밀려와
가슴에 잔잔한 감동으로
일렁거린다

따뜻한 사랑은
곱게 꽃으로 피어나
온 마음 가득 향기로움으로
채워 준다

사랑하며 걸어가는 삶
서로가 더해주고 나누면서
소중하고 아름다운
우리만의 사랑 만들어 가요

채석강

처얼썩 척!
저 멀리 굽이쳐 춤추는
거센 파도 사이로
빛나는 눈망울

침식되어 퇴적한 모래
수천 년을 깎아 오르며
책을 쌓은 절벽이 절경이다

나를 매료시키기에
충분하지만 어느새
얼굴 하나가 피어 오른다

바라보아도
생각을 해 보아도
보고프고 또 보고픈 얼굴

그립고 또 그리운
나의 가장 소중하고

사랑스런 어여쁜 그대

한시를 떨어져 보니
눈물이 앞을 가리도록
흘러내려 멈추질 않는다

이 밤도 한없이 보고프고
또 보고파 하얀 밤을 세운다

…변산반도 채석강에서…

들꽃여인

지금의 울타리를
선택한 지 어언 사십여 년

드러나지 않는 곳
그늘진 곳에 피어나
자세히 바라보고 바라보아야
눈에 띄는 아주 자그마한 꽃

이름도 없이
빛도 없이
보아주는 이 없이
그곳에 홀로 아름다이 피어

기도의 씨를 심고
눈물 어린 사랑을 뿌리고
인내하며 기다리는 애틋한
마음 결실 되어

온 누리를 밝히며

짙은 향기 발하는 아름다운 꽃으로
피어난 그대 이름은 들꽃여인이어라

그곳에 꿀벌 한 마리라도
날아들면 꿀샘을 활짝 열어
아낌없이 다 내어주는 꽃

묵묵히 자리를 지키며
한 생애 피었다 지고 가며
오직 우리를 지으신 분께
향기 올려 드리는 여인이여
그대는 들꽃여인이어라

만추 연가

맑고 푸른 쪽빛 가을 하늘빛
고독한 잿빛 하늘로 변해가며
금새 눈물을 쏟아 내릴 듯
울먹 울먹 신음소리를 낸다

고운 자태가 뭇사람의
눈길을 한 몸에 받은 단풍은
겁에 질려 온몸을 떨면서
흔들댄다

만추의 가을인 오늘도
짓궂은 비바람 공격에
얼마나 많은 이파리가
땅으로 떨어져 나뒹굴까

어느덧 푸른 시절은 지나가고
갈빛으로 물들어 가면서
떠나갈 때가 된 것을 안다
인생 한 시절도 그렇게 지나가듯이…

마지막 혼신을 다해가며

붉게 붉게 자신을 물들여 가면서…

내 인생의 가을사랑처럼…

외사랑

아프다
슬프다
그립다
외사랑

그대 곁에
사람이 있으니
갈 수도 없고

그대를
포기하기에는
너무나도 사랑하니

아프고 또 아파서
송곳으로 오늘도
가슴팍을 도려낸다

내 속엔
그대가 꽉 차 있는데

그대 속엔 내가 사라진
사랑

난 너만을 바라보는데
그대 곁에 머물 수가
없는 사랑

오늘도 내가 눈물 흘리며
또 눈물 쏟아도 그대는
미소 지으니 행복한가 보다

찹쌀떡 사랑

깊은 밤 달님도 잠이 든 시간
메밀묵 찹쌀떡 하는
정겨운 소리가 들려온다

어릴적 골목길 다니며
메밀묵 찹쌀떡 하던
찹쌀떡 장수 생각이 나서
쫓아나가 한 팩을 사먹는다

말랑말랑하고 달콤하며
쫀득쫀득한 떡이랑
추억도 함께 먹어본다

쌀의 분처럼 곱고 하얀 사랑
말랑말랑하고 찰진 사랑
팥앙금처럼 달콤한 첫사랑의
추억이 쫀득쫀득 함께 씹힌다

밀려오는 그리움 가득한 고향의 밤

찹쌀떡에 김칫국 시원한 맛처럼
주님과 첫사랑의 멋진 추억도
내 맘을 두드리고 달아난다

찔레꽃 사랑

누군가
미치도록
사랑치 아니하면

고웁고 향기로운
예쁜 꽃 못 피우리

찔레꽃은
한겨울을 얼마나
아파했을까?

온몸 가시에 뚫리는
고통 견디며 누굴 저리
사랑했을까?

찢긴 가슴 열어
상처투성이 꽃
울컥대며 피운다

그대를 미치도록
사랑하는 나의 마음
영원히 변치 않으리

그리움

겨울이
깊어간다
그대의 사랑처럼

을씨년
스러운
찬바람은 뼛속 깊이

내 사랑
그대 그리움
사무쳐 시려온다

그대는

맑은 미소로 나에게
안겨주는 사랑이요

고운 시어를 풍겨내며
저며오는 여울진 향기요

나의 마음을 품으며
우려내는 깊고 짙은
차 한잔의 맛깔스러움이다

가을연서

유난히도
태양의 정열이
눈부신 올여름

쪽빛 하늘구름이
무더위를 살라 버리고

예쁜 꽃잎 사이로
나비처럼 사뿐사뿐히
걸어다니며

무더위를 저만치
밀어내 버린 그대 분홍웃음

그대는 이 가을을 연모케 하는
아름다운 사랑의 편지

내 마음

비는
내 마음 알고 있을 거야
내가 그대를 얼마나
사랑하는지

붉게 물들어 가는
단풍잎들도 알고 있을 거야
내가 그대를 얼마나 그리워하는지

하늘에 뜬 흰 구름도
알고 있을 거야
내가 그대를 얼마나
좋아하는지

바람에 흔들거리는
코스모스는 알고 있을 거야
내가 얼마나 보고 싶어 하는지

흐르는 시냇물은 알고 있을 거야

내가 그대를 내 목숨보다 소중히 여기는 걸

그대는 알고 있을까
죽도록 사랑하는 내 마음을…

코스모스 여인

오랜 시간을
애절히도 기다리다
피어난 사랑의 숨결

내게도
올 수 있을까?
기다려온 첫사랑

인고의 오랜 세월을 품다
연분홍 옷고름 물고
내게 찾아온 코스모스 여인

인생의 가을바람
나부끼는 가을 오솔길에
노을빛처럼 내 속에 타오른다

영원히 사그라지지 않는
천년의 불꽃처럼…

궁남지 연꽃

궁남지 들머리 들어서니
연꽃향기 너울대어 온다

소담스레 핀 한 송이 백련은
평안의 미소를

소롯이 웃고 있는 홍련은
위로와 용기의 다독거림을

다보록하게 모여 노래하는
수련의 외침은 평화의 소리를

반거충이 이 세상에
궁남지 연꽃향 나풀나풀 뿌려
행복을 나눠 주고 싶다

6. 어머니 이제서야

어머니 1 / 어머니의 여름 / 어머니 살아 계셔서 행복하다
어머니 2 / 어머니 이제서야 / 엄마와 아들
어머니의 사계절 / 잃어버린 채로 / 내 어머니의 봄 / 가만히
어머니의 무게 / 엄마의 자리 / 두 분 아버지

어머니 1

여명에는 자식들
출세와 행복 위해
하늘에 기도하고

이른 아침에는
부엌에서 군불 지펴
아침을 짓고

낮에는 머리에
무거운 물건 이고
마을마을 다니며 파시고

밤에는 빨래하며
헤어진 옷을 꿰메던
지치고 고달픈 엄마의 자리

지키며 미소 지으신
꽃보다 아름다운
고우신 마음 따라

그리움 못 견뎌서
오백 리 길 한걸음 달려간다

어머니의 여름

삼복의 매미울음 소리에
새벽 잠을 설치고 일어나
눈을 부비며 아침밥 지어서
가족들 상 차려 주고

불볕 더위에 허름한 삼베옷
땀국으로 저리도록 입고
이마를 훔쳐가며 김매기 하신다

밤나무 아래 투박한 쟁반상 펴고
양은냄비에 된장 호박 풋고추 두부
넣어 끓여서 찐 호박잎
쌈을 싸서 입에 넣어 주신다
할베 수염 닮은 강낭 찌는
솥은 모락모락 김이 오른다

어머니 살아 계셔서 행복하다

어머니 살아 계셔서 행복하다
마땅히 갈 곳이 없던 차에
갈 곳이 있어 행복하다

오늘은 봉투 하나를 건네 주신다
너희들 밥 한 그릇 사서 먹으라 신다
알고 보니 모레가 내 생일이네

많은 것을 잊으시면서도
자식 생일은 기억하신다

어머니 그냥 쓰시라고 사양하다가
애잔한 마음으로 받아 들었다

보고 싶어도 볼수 없고
불러도 불러도 대답 없어
그리움이 눈덩이처럼 쌓이는
그 날이 언젠가는 오겠지
벌써 눈물이 앞을 가리네

어머니 2

힘겨운 내 인생의
한 줄기 빛이 되고져

꼿꼿한 등뼈마디
휘어져 굽어져도

자식을
향한 간절한
기도 손을 높이 든다

불초한 이 내 몸은
어머니 모습 앞에

사랑의 수고로움
가슴속 저며온다

엄동설
번개시장에
어머니 거친 숨소리

어머니 이제서야

삶이 녹록지 않을 때면
먼저 떠오르는 어머니
그 어머니는 일평생
나의 변함없는 힘의 자양분

어버이날이 되니
꽃가게마다 즐비하게 마련된
카네이션 화분과 작은 꽃다발이

눈에 들어오니 하지 못한 효와
저지른 불효가 생각나서
한걸음에 어머니께 간다

어머니 가슴에 카네이션 달아드리고
어머니 두 손에는 꽃바구니 들려드리니
기뻐하신 어머니 환한 얼굴
자그마한 것에도 감격하시는
모습을 뵈오니 마음이 울컥해진다

어머니!
주름투성이 얼굴은
아버지가 화를 내시고
자식이 속을 썩여도
참고 인내한 굴곡의 흔적

어머니!
거칠어진 손마디가 굵어진 것은
엄동설한 차가운 물에 맨손으로
휘적휘적 빨래하신 고난의 흔적

어머니!
쭈글거린 탱자배는
찬밥 한 덩이로 대충 때우신
배곯음의 애달픈 흔적

어머니!
십 리쯤 움푹 패인 눈은
시집살이 고달플 때마다

가슴에 담으시고 그리워 어매를
찾으며 하염없이 떨궈낸 눈물의 흔적

어머니!
휘어지고 굽으신 등은
살림살이 힘들어 허리 한번 펴지 못한 채
쭈그리며 날품 파신 수고의 흔적

당신의 한없는 희생과 사랑으로
지금의 내가 있고
따뜻하고 넓은 품을 내어 주셔서
언제나 나의 크나큰 나무이신 어머니

감사하다는 말, 사랑한다는 말
한 번 하지 못하고 바라기만 하고
철이 들어선 쑥스러움에 하지 못했던
그 말을 어버이날을 맞아 고백합니다.

어머니!

사랑합니다

감사합니다

고맙습니다

엄마와 아들

엄마는
내가 혼자 얼마나 쓰겠냐?
모아두신 치약, 비누, 캔 커피,
파스, 양말까지 싸 주신다

"엄마가 두고 쓰세요."

그러자 엄마는 나한테 살짝
밀어 놓는다

"나 혼자 얼마나 쓰겠냐?"

배 두 개 사과 두 알
홍시 세 개 비닐 봉투에
꼭꼭 또 싸 주시는 엄마

"엄마가 드세요."
하며 아들은 도로
꺼내 놓는다

엄마와 아들이
주거니 받거니 하는
그 마음 이젠 나도
알 것 같다

엄마니까
아들이니까

어머니의 사계절

따사로운 봄 햇살
포근하게 감싸주는
어머니 손길이 마음속
솔솔솔 피어 오른다

한여름 바다
찾아오는 모든 이에게
시원하게 출렁거려 주는
어머니의 정겨운 목소리 들린다

가을날 고운 단풍
이웃에게 울긋불긋 기쁨
물들여 주는 함초롬한 어머니 미소
내 마음 가득 저며 온다

겨울철 하얀 눈
자신은 차갑게 다스리고
남에겐 달보드레하게 대하시던
어머니 눈길이 고물고물 피어 오른다

오늘도 어머니는
따뜻한 손길
정겨운 목소리
함초롬한 미소
달보드레한 눈길로
곱고 아름다운 사계절을
만들어 갑니다

잃어버린 채로

오트레인 열차를 타고
아내와 세 아들과
어머님을 뵈었다

어머님의 눈물의 기도를
잃어버린 채로

어머님의 주름진 얼굴을
잃어버린 채로

어머님의 수고의 손길을
잃어버린 채로

어머님의 은혜와 사랑을
잃어버린 채로 살아온 날들

이제는
어머님의 미소가
떠나지 않게 하고 싶습니다

내 어머니의 봄

연초록의 어린 쑥을 보니
어느새 눈이 시리고
눈물이 뺨을 타고
흘러내린다

입속을 쓰게 하는
쑥국은 내 어머니의
소리 없이 훔치던 눈물이다

꽁꽁 얼어붙은 땅을
쑤욱 밀어 올리고
기지개 켜는 쑥으로
끓인 쑥국이 쓰지 않은 것은
아마도 어머니의 사랑의
눈물 맛이기 때문이다

오늘은 어머니의 봄이
무척이나 그리워져 온다

가만히

가만히 들어본다
어머니 목소리는
정겨운 사랑의 메아리

가만히 걸어간다
어머니 품속은
평화의 종소리

가만히 만져본다
어머니 손길은
따사로운 손난로

가만히 안겨본다
어머니 가슴은
얼어붙은 내 몸과 마음을
사르르 녹여주는 모닥불

가만히
가만히

깊어져만 가는

어머니 그리움

어머니의 무게

어머니의 사랑의 무게는
자녀를 위해서는 목숨도
내어주는 사랑의 무게여라

저울의 한쪽 편에 세계를
실어 놓고 다른 한쪽에
나의 어머니를 실어 놓으면
세계를 올려놓는 편이
훨씬 가벼움이라

사람들은 매력넘치는
상대의 장점을 보고
사랑하고 결혼을 함이라

그런데 사람들은 그 장점 때문에
왜 실망하고 다투며 헤어질까?

사랑은 이유와 조건의
사랑이 아니라 상대방의

행복과 미래를 위해서
이해하며 헌신하는
사랑이어야 한다

어머니의 끝없는 사랑의
무게처럼 살 수는 없을까?

엄마의 자리

새벽 여명
자식들 축복과 행복 위해
주님께 기도하고

이른 아침
가족들 위해
부엌에서 군불 지펴
아침을 짓고

뜨거운 한낮
머리에 무거운 물건 이고
이 마을 저 마을 다니며 파시고

어둑한 밤
헤어진 옷들을
두 눈 비벼가며 꿰매며
지치고 고달픈 엄마의 자리
지키며 미소 지으신 꽃보다
아름다운 고우신 마음자락

그 사랑 그 모습 그리워
못 견뎌 오백 리 길
한걸음에 달려가 본다

두 분 아버지

당숙집에 심방예배 드릴 때
목사님 기도와 말씀 전하실 때
사이사이에 심방대원의 추임새가
들어간다

주여 하는 이도 있고
할렐루야 하는 이도 있고
아멘 하는 이도 있고
믿습니다 하는 이도 있다

종조모님은 언제나
아버지 아버지를 반복하여
간절히 부르면서 목이 메이신다

버티기 힘들었던 하루하루
고달픈 운명이 서러우신지
하나님 아버지와
친정 아버지를
번갈아 가시면서 부르신다

주님께서 종조모님께
말씀을 하신다

내가 다 알고 있으니
조금만 더 참아보자

하늘에 계신 하나님 아버지도
돌아가신 종조모님 아버지도
종조모님 보고 같이 우신다

7. 한 알의 밀알이 열매를 맺었다

통곡의 미루나무 / 독도의 향기 / 평창에 피어오른 꽃 / 철모꽃
통일의 꿈 / 리우올림픽 / 위안부 소녀 / 충혼탑
아우내 장터에서 / 유월의 장미 / 태극기 휘날리며 / 세종대왕
4.19의 향기 / 나의 애국가

통곡의 미루나무

작은 새들 노래 소리 들리고
봄바람에 펄럭펄럭 태극기 춤출때
구국항쟁의 숨결을 따라
치열한 역사의 현장에 오릅니다

죽음을 맞이하는 애국선열들이
마지막으로 눈길을 준
통곡의 미루나무 한 쌍을 바라봅니다

애국선열의 애한을 온몸으로 받아
얼마나 많은 분들을 배웅했는지
온몸은 마르고 가냘파
지탱하기 힘들 정도로 애처롭습니다

내 가슴속 뚜벅뚜벅 걸어와
눈물 쏟으며 아픔을 토해냅니다

못난 사람들의 정치싸움
나라를 팔아버린 매국노

외세침략의 빌미를 주어
36년간 수많은 백성들과
애국선열들을 피흘리게 했습니다

조국주권을 회복하려는 독립운동에
재산과 목숨을 바친 처절한 모습을 보며
얼마나 애간장이 녹았을까요?

애국선열들이 갇힌 감옥 안에서
조용히 눈을 감고
애국선열들이 느꼈을 고통과
비명소리를 떠올려봅니다

"나라에 바칠 목숨이 오직 하나밖에
없는 것만이 이 소녀의 유일한
슬픔입니다" (유관순)

가슴이 터질 듯하고
눈시울이 뜨거워지면서 눈물이

폭포수처럼 멈추질 않고 흘러내립니다

너무나도 고통스러운 역사의 현장 속에서
나였다면 과연 견디어 내었을까?
아니면 모진 고문에 자백했을까?

아이들과 부딪쳐서 다쳐도 한순간
노여움이 밀려와 아이들에게
큰소리치면서 혼을 내곤 했습니다

애국선열들의 희생이 있기에
지금 평화롭게 살 수 있음에
감사하며 그 희생이 욕되지 않게
애끓는 눈물로 자성해 봅니다

사랑과 평화의 주님
오천년 이어온 대한민국
국민모두가 하나 되어서
분열과 파탄 속에서 휘청거리는

이 나라를 세계 속에서 가장 아름다운
나라로 세워가길 간절히 기도합니다

서대문형무소를 방문하면서…

독도의 향기

하늘을
가득 채우고
온몸을 헤집어
뼛속으로 파고드는
독도의 향기

신록의 대지
검푸른 바다
사랑으로 품고
뜨거운 열정으로
대한민국을 휘감는
독도의 향기로움

삼천리 반도 휘돌아
대한민국의 삶을 뿜어내는
몸짓이 아름다워라

어제도
오늘도

내일도
독도향기 가득한
나라사랑 온몸에
흠뻑 젖어 가며
살고 싶어라

평창에 피어오른 꽃

겨울에도 피어나는
평화의 꽃들이
피어오른다 평창에

혹한의 추위에도
아랑곳하지 않고
뜨거운 열기를 뿜어내며
타올라 평화를 노래한다

새하얀 설원 위에서도
수정처럼 맑은 은반에서도
평화의 노래를 부르는
한 마리 새가 되어 하늘을
날아오르며

평화와 사랑과
희망의 꽃향기를
골고루 뿌려준다

이 땅 위에 영원히 지지 않는
평화의 꽃으로 피어나라고

철모꽃

짙푸른 제복에 두 팔 허리춤에 올려
푸른 하늘을 보는 꿈 많은 젊은이

그 반영 너머로 성큼성큼 걸어 나오는
가시철조망으로 겹겹이 묶여진 상흔

동족 간의 가슴에 생겨난
전쟁의 후유증의
선혈이 낭자히 흐르고

밤낮 코옥 찌르는 통증에
가슴 치며 울고 있습니다

무명용사 철모 속에
꽃이 피어나듯이
아픔과 고통의 눈물을 흘리며
목숨 바쳐 지킨 이 나라 이 민족

그 눈물 자비로운 손길로 만지고

이젠 서로에게 아픔 주지 말고
통일의 그 날 이루게 하소서

자유조국을 지키려고
목숨을 바친 전상자
전사자 유족의
아픔과 눈물을 기억하며

그들의 소원 이루게 하시고
주님의 한량없는 위로와
평강으로 채우소서

6.25때 전사하신 큰외삼촌 사진을 보며…

통일의 꿈

아름다운 나라 한반도에
아픈 상처가 녹여져서
지난 70년 세월
민족의 가슴속에 분단의 상처를 남겼다

봉우리를 맺고 꽃을 피우듯
아픈 상처 딛고 개화를 염원한다
두 눈을 감고 떠도 생각나는
그때 그 시간 통일이 더욱 그립다

한민족의 오랜 염원 통일
모아요 우리의 꿈

펼쳐요 통일의 꿈
꿈꾸게 하는 마음으로

칠천만 국민의 통일의 바람이 이뤄져
새 시대를 위한 힘찬 발걸음으로
통일의 꽃이 활짝 피어나기를
기도해본다

리우올림픽

십자가의 그리스도상이 유명한
브라질 리우데자네이루에서
새로운 세상이라는 슬로건으로
207개국 1만 5백여 명이 열전을
벌이는 올림픽이 열렸다

코리아 선수들 금메달 은메달 동메달
획득해 조국에 바치려고 피땀 흘리며
최선을 다해서 싸운다 오~ 필승 코리아

선수들이 금메달 목에 걸고 싶듯이
우리의 인생올림픽에도 믿음의 경주 승리하여
인생의 금메달을 우리 모두 걸어보자

허다한 믿음의 선진들과 믿음의 형제들
허다한 증인의 뜨거운 환호 속에
믿음의 경주를 하는 그대의 모습 아름다우리

험한 세상 가시밭길 견디며 이기며 뛰는

모습 지켜보시는 하나님을 찬양하리

자기 몫의 고난의 십자가 지고 달리는
인생올림픽의 금메달을 향해 오늘도 달려보자

곤고하고 피곤할 때 일으키시고
새 힘과 용기와 격려를 주시는 예수 그리스도

그리스도와 함께하는 인생길은
참자유와 평화와 행복을 맛보는
영원한 복락을 누릴 수 있으리

위안부 소녀

곱고 순수하고 이슬 머금은
초롱초롱 빛나는 눈망울로
거울 앞에서 홍조 띠며
좋은 엄마 되는 꿈을 꾸던 너

일본군 군화 아래 몸과 마음
잔혹히 짓밟혀 꿈은 송두리째
빼앗겨 버리고 돌아오지 못하는
차디찬 곳으로 가버린 너

향기 잃은 꽃이 되어버리고
낙엽처럼 말라 버리고
눈보라 속에 얼어버리고
시린 꽃잎이 되어버린 너

온 국민과 산천초목도
일제만행에 숨죽여 가며
갈망한 광복은 이뤄진다
이름 없는 소녀의 희생과 아픔

내 가슴을 두드리며 저며오니
자주독립의지
다짐해본다

충혼탑

현충일이 다가오면 하늘은 그리움
가득 담고 내 가슴에 출렁거린다

먼 산에는 뻐꾸기 소리 요란하고
꾸부정한 허리 펴면서 하늘에 아들 묻은
잿빛 가슴 눈물로 쓸어내린다

현충일이 오면 큰아들 가슴에 묻은
애달픈 외할머니 한숨소리 들리어 오지만
전장에 피어난 고운 넋들은 홀로 누워도
외롭지 않은지 아무 말이 없다

아우내 장터에서

상큼하고 싱그러운 초록빛 숲속에서
풍겨오는 꽃향기로 그윽한 계절
우리 겨레의 마음속에 지지 않는
영원한 꽃으로 피어난 유관순 열사의
만세소리가 들리는 아우내 장터에
조용히 서 봅니다

아우내 장터에서 콧속으로
어떠한 향기도 맡지 못한다면
그건 아마 코가 없는 사람일
것입니다

아우내 장터에 귀를 기울여
아무런 소리를 듣지 못한다면
그건 아마도 귀가 없는 사람일
것입니다

아우내 장터에서 마음속으로
아무것도 느끼지 못한다면

그건 아마도 가슴이 없는 사람일 것입니다

들어보세요
천지를 뒤흔들던 소녀의 절규 어린
대한독립 만세 소리

맡아보세요
일본 헌병의 총칼 아래 숭고한 피를
머금은 흙 속에 있는 피비린내

느껴보세요
가만히 눈을 감고 입을 벌리면
느끼는 바람의 쓰디쓴 맛

불러보세요
유관순 누나 유관순 누나
우리 겨레의 가슴에 그리움으로
오늘도 살아있는 세상에서
가장 아름다운 사람을…

유월의 장미

화려한 오월의 꽃잔치 뒤로하고
빠알간 장미꽃이 전쟁의 상흔으로
피멍이 검붉게 들며 그 아픔을 알린다

나팔꽃 빵빠레에 화들짝 놀라며
떨궈진 고개 아래 피눈물 방울방울
겹겹이 묶여진 상흔 피비린내 통증

청춘의 아름다움 저만치 뒤로하고
이 나라 이 민족을 목숨 바쳐 지키며
가시철조망에 피 뿌려 묶어버린 젊음

태극기 휘날리며

따가운 여름 햇살을
등에 업은 무궁화는
만세 소리에 미소를 띠고

반짝반짝거리는
초록 이슬은 기쁘게
웃으며 풀잎에 미끄럼 타고

높고 푸른 하늘의
하얀 구름은 물결 되어
너울너울 춤을 추며 평화를
주신 주님을 찬양한다

거리마다 순국선열의
고귀한 희생을 품은

태극기는 바람에 휘날리며
백성들의 가슴을 울리고

코끝으로 파고드는
나라사랑의 향기가
온몸 가득히 스며든다

태극기야 휘날려라
오대양 육대주에 영원토록…

세종대왕

하나님은
인류 역사의 근원이고

어머니는
육신의 근원이다

한글은
나라의 근원이고

세종대왕은
백성 사랑의 모본이며
성군이시다

하지만 세종대왕은
인간적으로는
가장 불행한 왕

아버지 손에
백부와 숙부와 외숙부가 죽고

아들 손에 손자와 아들이 죽어간다

세종대왕 전후의 역사는
아버지와 아들에 의해
친족 외족 처족 충신들이 죽어간
피로 물든 가장 불행한 시기

그 아픔과 불행을 위민과 민본으로
나라사랑 백성사랑으로 승화시켜
민주정치와 세계 최고의 문자
한글을 창제하고 예술 과학 의학
경제 국방에 우리 모두의 스승이
되셨다

세종대왕의 백성을 사랑하고
모든 백성이 잘사는 나라를
소원하셨던 그 사랑처럼

우리말을 아끼고 사랑하고

세계에 널리 널리 알리는

자랑스러운 세종대왕의 백성이 되자

4.19의 꽃

푸른 하늘 너울거리고
비둘기 자유로이 노래한다

봄을 태우는 영산홍
고운 자태는 눈이 부시다

자유롭고 평화로운 질서는
마음 가득 울긋불긋 빛난다

시나브로 스쳐가는
어두운 역사의 기억은
어두운 수채화로 그려진다

잊어버렸던 정의를 위한
피맺힌 희생과 용기가 심연 속
헤집어 피어오른다

푸른 하늘
비둘기 재잘거림

눈부신 영산홍 자태
당신들의 나라 사랑의 꽃에
비견할 수 있으랴

나의 애국가

동해 바다의 푸르고 푸른 물이
모두 말라버리고
높고 높은 백두산이

모두 닳아서 없어져도
우리들을 보호하고 도와주신
하나님의 사랑은 변함없네

앞마당에서 바라보는 앞산 위의
저 소나무는 철갑을 두르듯이
바위틈에 뿌리 깊게 내려
굳센 바람과 서리를 다 이겨내었네

수천 년 외세의 침입에 꿋꿋하게
반만년 이어온 우리의 아름다운 나라
대한 사람 모두 영원토록
사랑하고 또 사랑하세

가슴을 울리는 애국가,

바람에 펄럭이는 태극기 바라보니
어느새 가슴 깊은 곳에서
뜨거운 기운 흘러넘쳐
나의 애국가를
오늘도 목청껏 불러 보노라

8. 내 마음에 꿈이 자란다

짝사랑 / 그린나래 / 딥따 마니 / 꽃샘추위
수정고드름 / 아침이슬 / 비가 내린다 / 봄
마음에 / 시월 첫 불금날

짝사랑

우리 반 여자 친구
나 혼자 몰래 좋아하는
공무원 집 딸

공부도 잘하고
운동도 잘하고
얼굴도 예쁜 아이

여름날 등굣길에
우연히 만났지만 빙그레
눈인사만 나누었지

가을날 하굣길에
느티나무 밑에서 만났지만
히쭉 눈인사만 나눈다

첫눈 내리는 날
동네 놀이터에서 벙어리장갑 끼고
눈사람 만드는 그 아이를 만났지만

"안녕" 인사만 건넸지

어른이 된 지금 다시 만나면
"나 널 6학년 때 좋아했었다"
고백할 수 있을까?

달님이 내 짝사랑 비밀 아는지
하늘에서 빙그레 웃고 있네

그린나래

지나는
열구름이
나들목 사뿐사뿐

해동비 나르샤
봄바람 타고 오니

동백꽃
산수유 매화
지며리며 산다라

새봄을
재촉하는
봄 소리 일비 속에

내 마음 적셔주고
내 가슴 울려주니

꽃가람

여우별처럼

방긋방긋 웃는다

* 그린나래 - 그린 듯 아름다운 날개
* 열구름 - 지나는 구름
* 나르샤 - 날아오르다
* 산다라 - 굳세게 꿋꿋이
* 지며리 - 차분하고 꾸준히
* 일비 - 봄에 내리는 비
* 꽃가람 - 꽃이 있는 강
* 여우별 - 궂은 날 잠깐 보이다 사라진 별

딥따 마니

곱고 빛난 별
달에게 속삭인다
내일 밤에 다시 보자

밝고 멋진 해
뭉게구름에게 속삭인다
내일 낮에 다시 놀자

귀엽고 예쁜 벌
꽃에게 속삭인다
내일 아침에 다시 만나자

나를 구원해 주신 예수님
내게 다가와 속삭인다
너를 대신해 죽을 만큼 널 사랑한다

이를 어쩌나
예수님이 날 딥따 마니 사랑한대요

주님!

저도 주님을 억수로 사랑합니다

꽃샘추위

봄꽃이
피어나는
앞길을 탁 막아선

심술쟁이 꽃샘추위
찬바람 뿜어낸다

봄꽃들
꼼짝도 않고
마주 서서 싸운다

이파리
돋아내는
잎새의 늠름함에

깜짝 놀란 꽃샘추위
걸음아 나 살려라

뒷걸음

꽁무니 빼며

저 멀리 도망하네

수정 고드름

마음이 답답해
시원한 겨울바람 맞으면
기분이 좋을까 해서
창문을 열어봐요

파아란 빨랫줄에 걸린
아버지 작업복 끝에
수정구슬 같은 고드름

또르륵 또르륵 미끄럼틀
타고 굴러내려 와서
떨어지지 않으려고
두 팔 벌려 꼬옥 쥐고
대롱대롱 춤추고 있어요

아침이슬

연둣빛 곱게 물든 풀잎 위에
또르륵 또르륵 미끄럼 타는
이슬방울 반짝거린다

풀잎 향기 여름날 아침의
풍경을 촉촉이 물들여 놓는다

소끔소끔 불어오는 바람에
날리는 이슬 향기 한 모금
온몸 물들이니 아침 풍경 속
연두 미소로 화답해 본다

비가 내린다

비가 내린다
내 마음 기쁠 때 기쁨의 비

비가 내린다
내 마음 슬플 때 슬픔의 비

비가 내린다
내 마음 답답할 때 눈부처의 비

비가 내린다
내 마음 괴로울 때 고통의 비

비가 내린다
내 맘 차고 넘칠 때 사랑의 비

하나님 제 속에 언제나 평화가 넘치는
사랑의 비가 내리게 해 주세요

봄

들린다
살그머니
다가온 봄 숨소리

보인다 봄 마중
불그레진 두 뺨이

느낀다
흔들거리며
뿜어주는 꽃향기

마음에

하나님
아빠 마음에 맑은 옹달샘물
졸졸졸 흘러나게 해주세요

불끈불끈 화난 아빠 마음
시원하게 웃을수 있게요

예수님
엄마 마음에 방글방글
예쁜 꽃이 피어나게 해주세요

울쩍울쩍해 속상해하는
엄마 마음에 노래소리 나게요

성령님
형아 마음에 쑤욱 쑤욱
사과나무가 자라게 해주세요

아이쿠 아이쿠 실망해 하는
형아 마음에 꿈지개 자라나게요

시월 첫 불금날

하늘의 얼굴도
하늘의 높이도
하늘의 넓이도
한 뼘 커졌어요

바람의 얼굴도
바람의 색깔도
바람의 숨결도
바람의 향기도
한소끔 깊어졌어요

내 몸과 맘을 넘나들며
삭혀주고
달래주고
안아주고
감싸주고

참
멋지다 가을

너 때문에 세상이

온통 행복이다

시가
의자가 되어주다

1판 1쇄 발행 2018년 12월 10일

지은이 강순구
펴낸이 김재선

펴낸곳 예 솔
출판등록 제2002-000080호(2002.3.21)
주소 서울시 마포구 양화로6길 9-24 동우빌딩 4층
전화 02)3142-1663(판매부), 335-1662(편집부)
팩스 02)335-1643
홈페이지 www.yesolpress.com
ISBN 978-89-5916-747-0 03800